格鬥術 5

格鬥骨法秘技

黃光奮　編譯

大展出版社有限公司

序言

在竊盜、暴力行為、殺人事件已成為家常便飯的今日，儘管如何的不去沾惹是非，也難防有意外的災禍降臨。基本上而言，在這個紛擾的社會中，至少也得做到自己能夠保衛自己的程度。

況且，除了可極力避開的無賴或流氓之外，隨時可能出現與於周遭環境中的精神患者，可說是防不勝防。

在此也並非想要提升各位的打鬥意思，只是一個人走在街的角落或暗處必須與不肖之徒「街上拼鬥」的可能，這是件無奈卻又可能發生的情況。而當面臨此種境況時，究竟該如何應對呢？以武術為根基的自我訓練，是現代人必須具備的防身法。

在有規則可遵循的比賽之中，即便是如何地表現出強勢，有時卻比不上一個在市街上習於打鬥的小混混。有時，正統的武道在諸多限制之下，

變得毫無意義。

曾獲得冠軍的武界高手比爾・巴拉斯就曾經說過：「就算是技術已達黑帶的程度，但若說到街上的武鬥要保證百分之百獲勝，那是絕不可能的。因為在一般的打鬥中，並沒有『禁止出手』規定。所以，即使正擊臉部，攻擊要害或甚至抓捏擲投也都是難以預防的。因此，平常被侷限於固定的範圍內，練習攻擊或防禦的技巧，一旦要赤手空拳且無遊戲規則的情況下與人打鬥，就容易變得不知所措而所學毫無用武之地。」

實際上，也有過一位柔道四段的高手，卻被一般的地痞流氓修理的事件。或許，這位男子在練習用的榻榻米墊上，能夠發揮強勢威力，但那畢竟只是塌塌米墊等特定的場所，就某些方面而言是被保護的。

說到這裡順便一提的是，武士道並非供作打鬥的工具，而是為了要培養健全的身體，這樣的觀念當然是正確無誤的，相信大家不會否定這種想法。

事實上，以公平競爭為信條，且束縛於許多規則的武士道，已深受全

民的喜好而普遍被接受。但是，在逐漸地將武士道近代化而使其受歡迎的同時，是否也曾想到過，我們遺忘了一些東西。

若是將其形之於語言的話，那麼，該說精神上的蠻勁。我們並非想要「改變過去的想法」！而只是覺得，除了高超的技術之外，科學的精神與觀念更是不可或缺的。

十二世紀骨法就已經形成了較為完善的體系，日本忍者的徒手格鬥也是從骨法之中發展來的，骨法門派眾多，不過現在基本上已經失傳了。

骨法動作上講究圓肩縮頭，以右半身為主要攻擊手段，其半身作為防守與防移手段，格鬥姿勢側身站立，打擊部位上身多在耳側，腿法主要攻擊膝蓋、陰部及下腹。技術上講究「掌握」。

骨法與詠春很像，都是極近距離的近身攻擊，手部的位置基本相同，但要求上骨法的手更鬆身更緊，兩種武術都要求守中用中。

「格鬥骨法秘技」即是假定各種打架時的狀況，將所有應對的技巧及竅門編製而成的書，並非高深不可測的精神論或是理想的狀況分析，而是

最切身的防衛術。

除此之外，也就是平常大眾所練習的技藝中，就真實的打鬥情況下該如何應對處置的方向，加以追蹤探討。

本書是首次以系統而整體性的方式公諸大眾的。藉由本書也可使得大家懂得「格鬥」技術上的理論。而所謂「秘技」，除了要知悉身體上或技術上的步驟與形態之外，也必須了解為什麼會有那樣的動作或運動方向。

因此，這本書充分地滿足您的需要。

目錄

第五章 防 禦—攻防一體化的「掌握」技法……一七七

後記——開管理社會之口的運動體……一八九

第一章 架勢——格鬥致勝的前提條件

適合與實際格鬥的架勢為何？

骨法架勢，即是格鬥致勝的招勢

在格鬥當中，特別是街頭的打架等類的打鬥，最簡單的方法，是在對方還沒準備好的情況下，來個突然的襲擊，也就是一般所說的「偷襲」。在一場沒有公平競爭規則的打鬥中，這種方法雖然是稍嫌冷酷，但卻也留情不得。而說到一位好打鬥的格鬥家，則更需多加提防此種冷不防的攻擊。

曾經看過許多這樣的例子。一個滿腔自信的格鬥家，卻被一個平常人以「偷襲」的方法輕易地擊敗。這種人可以說就是缺乏「架勢」，亦可說無架勢這一點，便可成為致命關鍵。即使是面對一個無防衛能力的對手，也極可能在不留神之間，被輕易地打敗。

秘技的打鬥中，即是齊備了許多這種襲擊的「沒有架勢之架勢」，並用以成

・骨法架勢的基本型

「監察」
通過手凝視對方，藉由視線定下的同時可知曉敵方侵入角度。

「持頭」
在臉被打的情況下，要使頭部的搖晃達最低限度，這是絕對要遵守的原則。

「溝胸」
使胸部成一凹面而較能經得起外力打擊。

「據腰」
無意識地使用腹式呼吸，使得重心下放，重心安定則手腳也較易持平。

「足踏」
為能夠承受給予足部的衝擊，雙腳要均等地張開並共同支撐身體的重量，並快速地移動。

「佈局」
最短距離的迅速攻擊與防禦由此法可得。

為練習時的要件，進而更深地鑽研至身心的問題。

然而，若是真正面臨打鬥的情況，在腦海中又不斷呈現出打架的念頭時，那麼怎樣才是最容易防衛，並且最容易攻擊的最佳骨法架勢呢？——此後將會陸續說明。

這種骨法架勢，是傳自兩千年前而綿延至今不絕的傳統性骨法，再加上我少年時期所學習的柔道精髓，以及拳擊拳術各種格鬥技術，融合而得的成果。如前一頁圖中所顯示的，即是骨法的基本架勢，可供各位參考。

或許有許多格鬥家，看到了這種架勢之後，會有不自然的感覺。事實上，若就理想「自然體」的格鬥技術來看，或許有某些奇特異常的感覺，甚至在讀者之中，就有人有這樣的感覺。

但是，這種架勢是有理論上根據的。總之，在實際的打鬥之中，這種架勢是絕對不可或缺的。在後文中，會慢慢地闡明這個架勢的道理及由來。

以半身為架勢來減少受攻擊的面積是不二法則

在打鬥時，以身體接觸對方的方向與方法之中，首先最需要知道的是架勢的作法。若將架勢的擺法稱為打鬥致勝的前提要件，亦不算誇大。

然而，說到架勢的擺法時，實無法一言以蔽之，因為在各個不同的格鬥技術之中，都蘊含有其獨門功夫，故不可以用同一種理論而能適合每一門技術。也因此並不比較骨法架勢與其他流派間的優劣，而只是希望對於架勢本身作一些中心式的探討，並論及它的好壞點。

這是一般即使不懂得打鬥的人也都懂得的簡單道理，也就是在和對方處於一觸即發的狀況時，若其場面是自己和對方之間毫無障礙物（亦可說是自己缺乏架勢時），則極容易受到對方的攻擊而難以防守。

相反地，如果自己和對方之間有障礙物了，則自保安全的機會便增多。因此，無論如何都要製造些障礙物，置於對方和自己之間，使自己能夠得到庇護而不致正面受到攻擊。

就一座城的情況而言，可挖掘溝道或是築高城牆，藉由這些障礙物或屏障物，可以使得自己受到敵人攻擊的可能及危險性降至最低。

而若是徒手空拳的話，溝道或城牆的保護角色則將轉由自己的手、腳來擔任。手和腳比起身體的哪個部分來得強勢且運動自如，稍微受點傷害也不至於嚴重至丟掉性命的地步。

相反的，如果身體不擺出任何架勢，就會像一個城的城溝被埋了起來，城牆也倒塌了一般，毫無招架能力。就如古城一樣，沒有防禦用的城牆，就攻擊一方而言，想要攻下這座城，是相當輕而易舉的。

但是，若是將雙手的架勢只注重在身體前方，這樣是否恰當呢！答案是否定的。因為若只將雙手架於身體前方，則身體的其他部分便無法保護週到了。

在即將解說手與腳的配置之前，首先還要提醒各位注意的，即是面對對方時，身體的面向。

簡單來說，將身體正面面向對方是必須禁止的，而應是以半身（側身）來面向對手才能化解許多危險。換句話說，就是減少自己受攻擊的面積。若是自己以

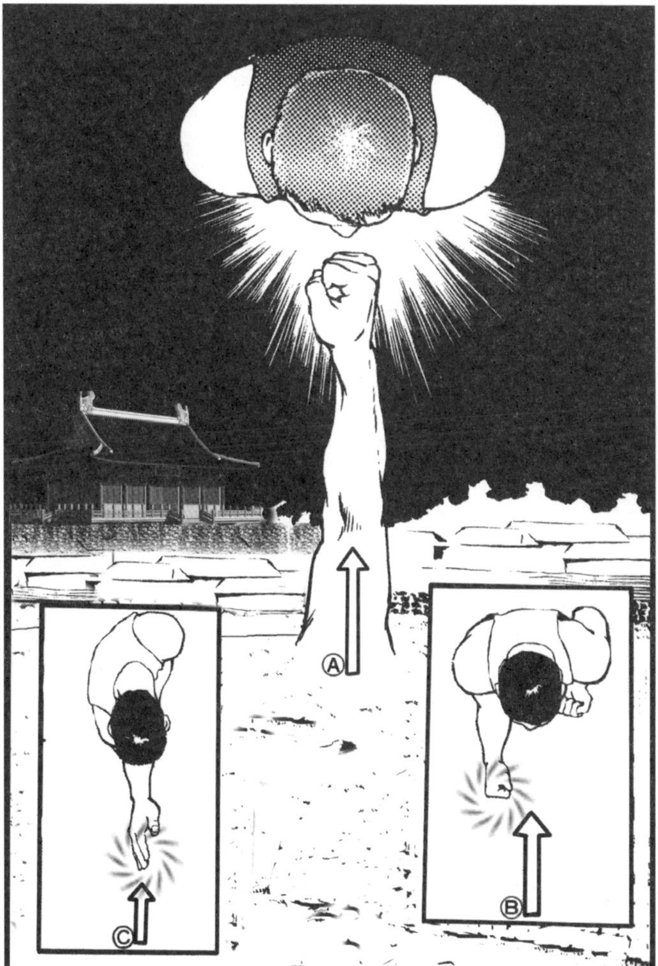

Ⓐ如果沒有架勢，則容易被輕易擊倒。
Ⓑ如果面對面的方向，則受攻擊面積較大。
Ⓒ若是半身的姿勢，則受攻擊面積減半。

側身面對敵手，再以兩手的架勢為障礙物保護著身體，則防禦的工作將會更臻完美。

當然，若只是講求提高防禦能力而將身體側向敵方，則其意義或許就不那麼重大了。

更重要地說，半身的這種架勢，除了防禦的功能外，還能正確且更迅速地向對方襲擊，也就是說於攻於守，半身都可稱得上是較有利的架勢。

舉個例子來說就可更明白。如二十一頁插圖所示，拿劍的和握著刀比較起來，當然是拿劍的那位較有利。

若就一般了解此種道理的人而言，在赤手空拳地與對方打鬥時，如果能掌握這個不正面面對敵人，而是採半身的招式原則，那麼，就更能有勝敵的機會。在打擊對方或是抓對方時，知悉而能運用這個原則是不可忽視的。在一般的拳擊賽當中，若雙方的實力相當，則手臂較長的人會較佔優勢，也是這個原因。

如果我們單純地以身體的特質來看，側身時其頭、肩、腕及手是並列於一直線上的，腕的長度可以百分之百地利用，而若是正面朝著敵人，則腕部頂多只能

要正確而迅速地向對方攻擊時，半身亦較有利。

利用七成。

在一場打鬥之中，會因為相互的踢打而需要配合著移動自己的身體。因此，首先要將身體中各處要害所集中的所謂中心線隱藏起來，使得自己身體上成為標的物的部位儘量縮小，這個時候，採用半身朝敵的姿勢是較不易被毆打、踢撞或抓拿的有利架勢。

除此之外，還同時可以使腕的長度充分發揮功能，靈活運動，不但增廣了防禦的空間，也同時能自開始就掌握了攻擊對方的時機而使自己不致落敗。

但是，正面朝著對方就真的毫無可取之處嗎！

舉例來說「如二十一頁圖所畫的預備打擊姿態，難道並非正確的打鬥位置和架勢嗎？」或許有人會這樣反問。

就如前所說的，這確實並非打鬥時的架勢。如果在打鬥的一開始，便擺出了這樣的架勢，那麼可能就會有了被打得相當嚴重的情況發生。而像這樣的面對敵人的架勢，是在幾番出擊、踢打之後，在對方伸手去拿或拔取武器的空檔中，所可能採用的其次性的招勢。

總之，在這個動輒護衛、保鏢的流氓充斥之社會中，自古至今都被採用的半身架勢，可說已成為常識之一，而且又必須更深一層認識的必要。

腕的位置要配置於要害集中的中心線上

如二十四頁圖所示，手的安置方法是在一般的拳擊、徒手打鬥的情況下，所被廣泛使用的。雖說有各個流派的不同，但在基本上卻是大同小異。

這種架勢的第一特徵，是手肘相當地屈曲，這也可說是出拳的預備動作。總之，就是隨時備戰的壓迫感。

第二個特徵，則是兩手的間隔寬，在這兩手間的隔距中，可以窺得敵方的動態，以便於設定攻擊的目標，方便襲擊。

在基本上，每個人都因有「攻擊就是最大的防禦」這樣的戰鬥思想。而以出拳的速度、輕重，即幾乎可決勝負的拳擊賽而言，這樣的預備架勢也無可厚非，就算是吃了對方三、四拳，也可以自己的力量攻擊制住對方而獲得勝利，這是眾所週知的。

拳擊是採上體結構的架勢

在具有紳士協定及共同遵守的遊戲規則下，所進行的拳擊賽中，或許確實是如此便能致勝。但是，在沒有特定的場所中，一般人所可能遇到的打架，就絕非如此可控制的場面了。

有許多事情的發生，都是因為在沒有確切的防衛方式下，就匆促地開打起來，挨了一拳後，輕者或許雙眼失明，而嚴重者便可能因被擊中要害而送命。因此，在此就必須將拳擊賽時的比賽場地情況和真正打鬥中的現場做一番重新的考慮和探討。

事實上，被忽略了的拳擊賽之架勢中的疏失，將逐條列於下。

問題一 由於兩手的間隔過大，是否會造成身體中要害所構成的所謂「中心線」受攻擊的可能增加？

問題二 為了使腕部出拳的順利並收放自如，是否會造成重心無法下移至臍下丹田（肚臍以下的部位，此處也正是人體「氣」所集中之點），而削弱了打擊力，容易被打敗擊倒呢？

問題三 由於手肘的屈曲度過大，是否會造成出拳的時候，力量無法及於前方的空間？

在運動中的對打時，由於規則上的限定，故有不可以踢打對方的小腿或是戳刺眼睛等規定。此外，也不可攻擊對方的要害部位。

在正式的比賽中，雖是允許攻擊的，但卻又不得不一心一意地注意以上所提到的規定。也因此，往往有那種力量較小，攻擊力較差的人，以「條件較差」卻獲得勝利這種情況存在。亦即所謂「以柔克剛」、「以小制大」等種種美譽。

但運動歸運動，在真正和別人衝突而甚至不惜以武力來解決的情況時，這些比賽場上的規定就非得全部拋棄不可，否則若還是依循規定，很可能在別人冷不防的一擊之下，應聲倒地。這是要特別記得的。

也可總歸為一句簡單的話：在真正的打鬥之中，是沒有任何規則來保護的，需要自己的主動攻擊。因此，各位要討論的重點，並非在於「有多強的打擊能力」？應是將「如何能不被打倒」列為重要課題。此時，讀者若願意，可在細細

・拳擊的架勢

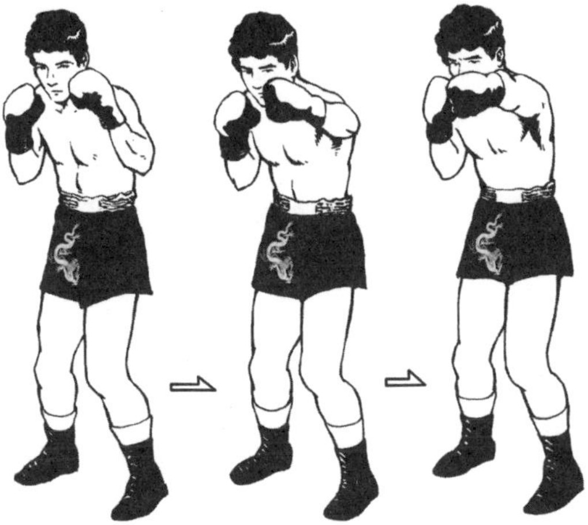

・骨法的架勢

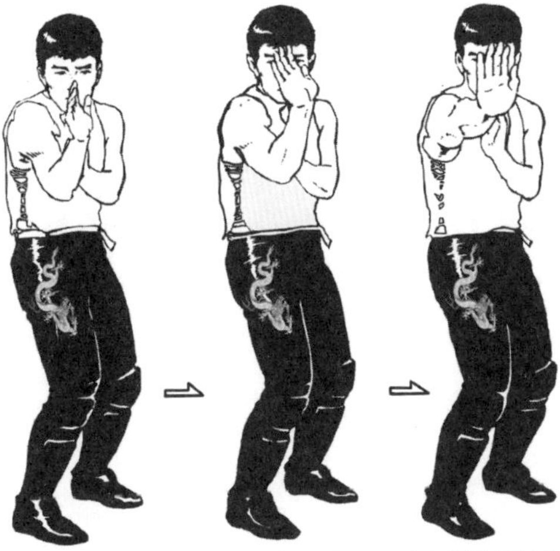

拳擊的出拳之際有空隙，但骨法則將置於中心而以手攻擊，一方面也可防禦。

思量剛才所說的「架勢」。

既然，在拳擊賽或其他類似運動中，所被廣泛使用的姿勢並非完美無缺，那麼，究竟該用怎樣的「架勢」呢？如二十七頁圖中所示的，便是經多方考慮之後，所有的心得。

首先，是將腕置於中心線之前。前方的手向中央伸出，而後方的手則與前方的手交錯，並將手肘屈曲，而且可自由地活動。這樣的架勢既利於守也優於攻。

此外，也可藉由這種架勢，同時獲得半身的有利性及「合掌」所產生的效果，一舉數得。

說到人體中所謂的「合掌效果」，即是藉由這個姿勢使得物理的重心能夠落至人的臍下丹田。此外，這種架勢可使人類的生理機能獲得完全的發揮，具有鎮定精神緊張的作用。

若說得更詳細一些，則是在合掌之時，肩與肘是向下張的，也因此能促使橫膈膜下降。藉由橫膈膜的落下，而使得呼吸將轉變為腹式呼吸，氧氣與二氧化碳的交換，也能在較正常且合乎機能地順利運作。

這種姿勢，也可以從現代的生理學中得到證明。

說句題外話，「合掌」這個被古今中外人類均視為表示虔敬的動作，或許其精神和前述的具有定氣寧神作用是某種相通的。

在真正的打鬥中，攻防的相互平均、平衡亦是制勝的一大要素。過度重於防禦或相反地太過重視攻擊，均有可能造成對自身的不利。就例如方才剛提過的拳擊手勢，由於肘的屈曲度大，太過重視攻擊敵方，使得腕部經常容易發生抽筋的現象。

另外，說到傳統的空手道各流派或是中國拳法中的部分流派，由於攻擊的一手每每過於伸長，這對於攻擊或者是防禦，都是危險度頗高的姿勢。以下，便將空手道各流派及中國拳法中，較不利於自己的地方列舉如左。

1.在攻擊敵方時，腕的伸張及肘的屈曲等預備動作是必要的，因此會有慢半拍的情形發生。

2.在每次攻擊對方之際，都會伸出拳而張直腕，這無疑是在預先告訴對方，自己將要採取攻擊。

・中國拳法的架勢

不管採取怎樣的架勢，過度延長的腕部
於攻擊於防守收都易有危險。

3.由於過度地伸張臂肘，使得身體無法保持正當的警戒，反而對方有可乘之機。

4.伸出的腕部，容易被敵方抓住而使自己陷於動彈不得的境況。

那麼，究竟怎樣的長度才是適切的程度呢？這是問題的解答就如三十二頁附圖。在握拳舉臂的時候，肘與身體之間的間隔距離，大約是與將另一手的小指至拇指伸直後之長度相等。

這樣的姿勢是有其採用理由。這樣的手臂所擺出的架勢，能夠使肘上與腋下呈現出兩個平均且對稱的三角形，就人體工學而言，這樣的架勢可以增強腕的力量，並可掌握著身體的重心。

在骨法中，被稱為「透徹」的一種具浸透性鍛鍊法，便是以「手」來比劃訓練的。這種訓練，是以受訓者之兩手手腕之力，並靠著上身的後盾來將一個人之重心提起的訓練，如果能夠使用如附圖所示姿勢為之，可以使本身的力量獲得最大限度的發揮。

剛才所提到的那種訓練，在自己用力過小時，自然無法將一個人的重心提

・骨法的配置

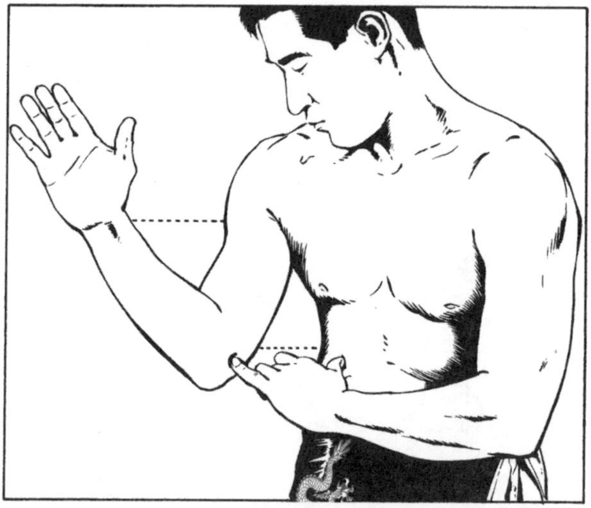

架腕部時，在肘上與腋下形成兩個理想的三角形，可使出擊發揮百分之百的作用。

①首先將左手的拇指與小指伸開。
②然後在腹部以拇指抵住。
③伸直的小指抵住肘的內側。
④肘的角度並無嚴格規定，但最好在90度到120度之間。
一旦如此，就可以發揮想像不到的力量。

起，而用力過大時，也同樣無法將人的重心提起。

就注重合氣的格鬥人士而言，這樣的訓練若要成功，就要能夠掌握其中的奧秘。而究竟是怎樣的奧秘呢？至今仍被做過多的神秘化。雖有人指出，訣竅可能在於「呼吸力」的配合，然而這般奧秘仍為多人所不解。一般以為，這是「三角形力學」的一種應用，是物理法則，而非有什麼解不開的奧秘。

總而言之，這個手肘所擺出的架勢，其肘的角度抑或是腕的長度，都屬於利於出拳的姿勢。而以肘部後方向背面一彈撞，那更是威力無窮。

若是以拳擊的姿勢來看，在採取攻擊時為了使力量增強，故不得不由肩向對方伸出拳，在攻擊的那一瞬間會使得自己的中心線呈現落空狀態。

但是，源於「合掌原理」的骨法腕部配置，是以保護中心線為出發而置於中心線的前方，除了於平時保護身體的要害部位之外，出拳之後也是使拳伸出於自己身體的正中央前方，故在攻擊的同時也同樣保護著身體要害所集中的中心線。而且由肘所出的拳，會比由肩部伸出的拳距離上要短得多，所以，自己的拳能夠比較快速地傳達至對方。

・手勢的鍛鍊法

當對方忽然地握住自己的手腕而企圖將自己抬起時，就必須以右圖的配置來應對之。

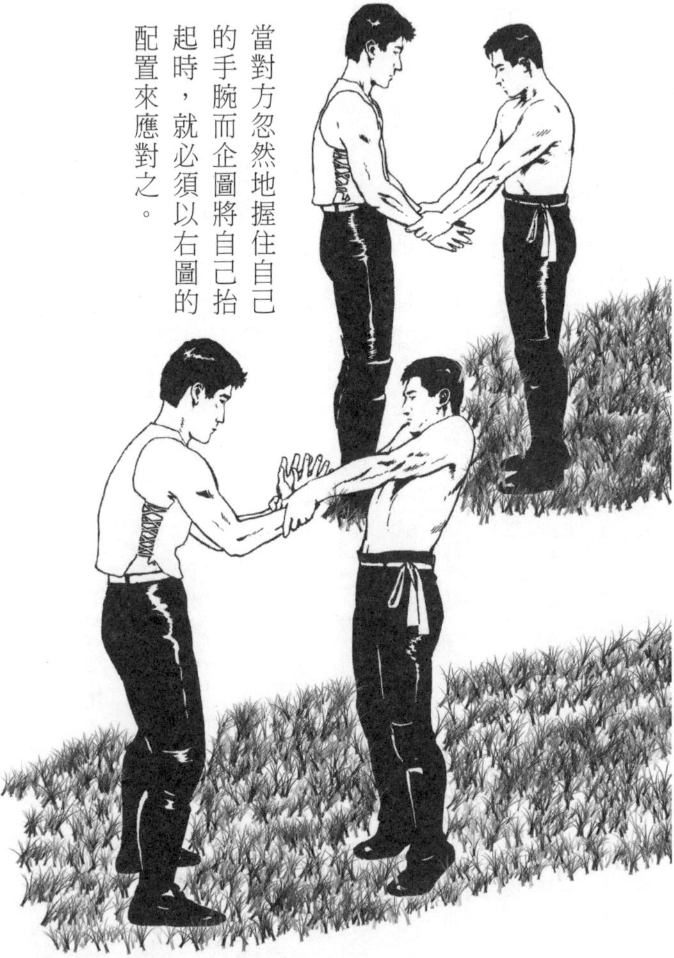

可以用「手勢」使對方重心提高，並讓腕形成三角形以便利用力學原理。

• 拳擊的打法

• 骨法的打法

由肩飛出的力量沒有自肘的最短距離來得迅速。

由此我們也可再一次地證明，打鬥時所擺出的架勢，足以影響勝負，關係重大。

踢斷腿的秘訣

若想要給對方的膝部或小腿一踢而能擺平，就絕對要讓自己的腳離開對方的視線。也就是說，從死角給對方致命的一踢。然而，死角又會如何產生呢？

在兩人相互凝視時，當然不可能有死角的產生。而在對方想要抓住自己的胸部，或是正準備毆打出拳的一瞬間，就產生了所謂的死角。而更重要的訣竅在於能夠正踢到對方的膝蓋。

專家說：「習慣於打鬥的格鬥家，多是以自己的腳去踢對方伸直挺立那一腳的膝部。所以，打鬥並非只是逞勇鬥狠就可以致勝的，最重要的還是要有靈活運用的腦，要靠的是『頭腦』」。

這話說的一點也沒錯，無論相撲、柔道、摔角、拳擊或是空手道等等競技中都可發現正是符合著一種「關節技法」的程序，亦即是向對方膝蓋的正面踢

在與對方交鋒之際，利用其出拳時形成的死角，
伸腳一踢，其膝下將會不堪其苦。

去，這可是相當不可忽略的一門功夫。

在各種流派所舉行的徒手比賽的會議中，說到這樣的規定：「不可蹴踢對方膝關節的正前方，而應該從側面或後方，順應膝關節彎曲方向才合於規定。」會在比賽中明定這樣的禁止事項，那就表示這種正踢膝蓋所造成的危險性。

但是，這種因危險而被禁止的打鬥動作，在一般的打鬥中卻常令人受不了。如果能夠忍耐得住這種來自前方的攻擊，那麼不如先學會如何在危機情況下，使用這種方法來保護自己，總比一個一個地去學習各種技藝要來得快。

如能早點洞悉此種打鬥方法，那麼無論面對怎樣的流氓，也都能一踢而解除困難。

但如果這種方法已廣泛地普遍於大眾，每個人都曉得以此擊敗對方時，那就必須想個方法加以應對之。

經驗中發現將足部膝關節部分拱起，以形成一個三角形，便可解決問題了。這個理由和先前所提手的架勢的擺法其道理一樣。如三十九頁圖所示的方法，便是較不易被踢斷的姿勢。

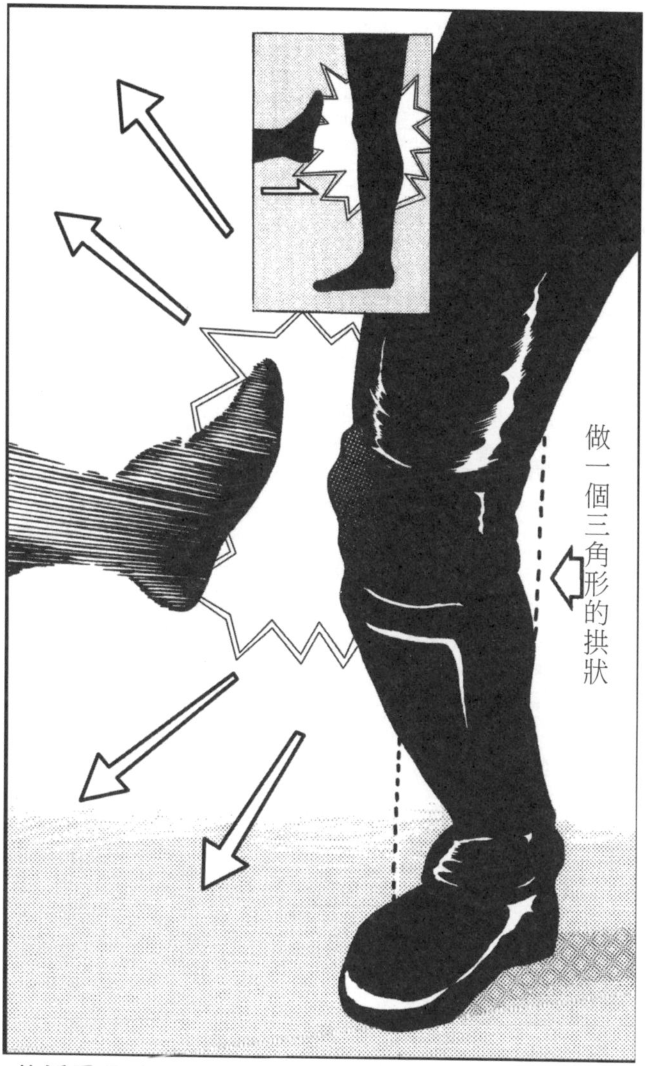

若採用骨法中的足踏，則除了應用於步法外也可免去受擊的危險與疼痛。

將重心放在足內側的拇趾上

在拳擊、空手道或柔道等比賽中，近年來有一個趨勢，即是常採用組合式的出擊，也同時在提升打擊速度，並且著重步法。

也就是說「像蝴蝶一般地輕舞，像蜜蜂一樣地敏銳」這種強調，已漸被注視。各出奇招地盡可能表現出運動中的美感，並添加許多華麗的步法，這是現在格鬥技術的象徵之一。

而當說到要「像蝴蝶一般地輕舞」時，就必須要將兩腳腳跟抬起，這樣才能保持著輕盈步法的原則。

一本書上有如下解說：「將腳跟輕輕抬起，能夠使自己在打鬥中移動較迅速敏捷。」這是一本美國版本的書，書名已忘記。

確實，如將腳跟抬起，能夠使自己的活動更迅速些，但若以真正的打鬥情況而言，這無疑是一種自殺式的動作。

在運動或比賽時，其場地是經過設計整理的完備場所，而打鬥時的場地，就

完全不能奢望他是完備的。

一般衝突引起的打鬥，可能在公車、火車上，可能在百貨公司的電動扶梯上，或者是鋼筋水泥地上，抑或是鄉下的石子路上或海邊沙灘上，因此，我們寧願做最壞的假設，並抱有在最不安定的場地上打鬥的心理準備。

所以，剛才說到的將腳跟抬起的架勢，使得腳部的支撐身體面積變小，便等於是自掘墳墓。

舉個較誇張的例子來說。和熟悉沙地的人徒手空拳地打鬥時，若沒有其他特別的原因，那麼當然這位不識地形的人容易被修理。這是屬於「場地」的考量。但若除去這個因素，則最好最強的人就不管再誇大地說一定能夠贏。

而就算如正式的比賽場地，也不可能說完全不會出現意外狀況。所以，對於這些到處都得提防的場地而言，抬起腳跟對於打鬥者是很不利的。

在柔道的世界中，若能將對方變成「只有一根針的空間」，那麼得勝的機會將變得很大。也就是說，逼得對方的足部接觸於地面的面積，到達最小的程度。

想要將一個人的身體抬起，其所要掌握的原則便是如此。因此，若自己在打

若浮起腳跟打鬥時，場地不佳則更不利。

鬥中就將腳跟抬起，那便是縮小自己的著地面積，而使得對方更有可乘之機。

假如是柔道專家，對於打擊的防禦頗有心得的人，那麼當他抬起腳跟而跟對方打鬥時，也會因此而被擊倒，更何況如果場地非比賽用地，而是水泥地或砂石地時，那後果將會相當嚴重。而且這樣的情況，會比膝蓋被正踢，危險性有過之而無不及。

骨法架勢便是將兩腳前後地大幅跨開，兩腳內側的大拇趾也確實著地。而像拳擊時所採用的抬起腳跟方法，在比賽場中或許可能因機動性高而獲勝，但那並不表示這樣的姿態可以無往不利於非限定場所的真實打鬥中，這也使人對於頗具興趣的拳擊所站的姿勢上，產生了許多疑問。

具體說來，若在路上或原野中真正遇到敵方時，抬起腳跟將會分散自身的注意力，使自己不時地要去注意安定性與平衡感，這是件頗耗費精神之舉。因此，應該採用將兩腳前後小幅地張開，兩腳確實著地的傳統骨法站法。

讓我們來看看四十四頁所畫的站立方法。

先將兩腳腳跟輕輕地放於地上，並將自己的體重儘量以腳內側拇趾部分來支

· 站立的正確方法

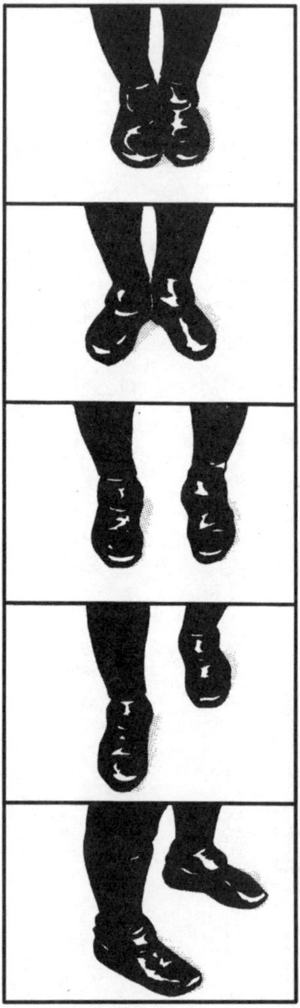

將兩腳的腳尖與腳跟密合挺直地站立。

以腳跟為支點成八字形站立。

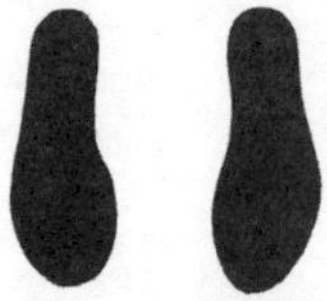

以拇趾的趾根部分為支點而平行站立。

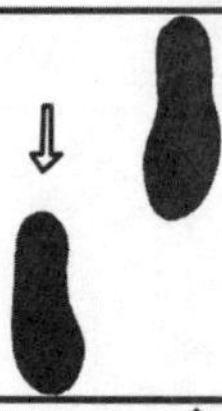

右腳站在左腳之前。

將身體面向十一點鐘方向。

撐。其次，將兩腳前後錯開，使得體重平均分配於兩腳之上。

那麼，這樣的站立方法，在真正打鬥之中有什麼作用呢?在此補充說明。

首先是將腳跟輕觸地面，這是不但容易取得平衡，而且也有紓解緊張的柔化作用。在安定性與平衡感皆能注意到的同時，也可減少許多不必要的能量和精神消耗。再加上，將重心放在拇趾上，不但可以支撐住體重，也可在速度上取得和以腳尖站立同樣的方便。

此外，由於兩腳並不在同一直線上，故除了體重能夠均配於兩腳上之外，也可防止在對方推擠後失去平衡而倒地的現象。既能夠掌握住重心，又可前後左右自如地運動，並且輕巧地移動。

以肩胛骨來加強保護頭部

在觀看拳擊比賽時可以發現，有許多人出拳後所正面打擊的是對方的臉部及頭部，出拳擊打對方身體的情況較佔少數。然而，人的臉及頭部卻又是脆弱的一部。而且臉象徵著面子，是個人的人格表徵，所以被擊中臉部，比被擊中身體的

其他任一部位，都還要容易耗費精力，且失去鬥志。

人類在毆打時，最本能的是打擊對方的臉部。若是有人吆喝著：「殺呀！」而衝向對方後，卻是打擊對方的身體時，那麼可能他並未得到道中真意。

一般我們稱拳擊為「最強烈且最真實的打鬥運動」，其原因就於打鬥之中，多半互相攻擊著對方的要害部位，即是臉及頭部，故經常比賽拳擊的人，也可說是充分地預言著真實打鬥的人。

說到這裡順便一提的是，一般在真劍比賽之前，多會用竹劍代替並練習，這種想法和前述的精神相同。

在運動或是其他場合時，常會用到「脫離現實」這一語。也就是說，對於何時或如何發生的打鬥都一無所知時，若不就其真實場面加以模擬演練，而只是談論理論上應如何如何，這便是脫離現實狀況的最顯例。

對於實際的打鬥中，無正面衝突，直攻臉部的打鬥，沒有人指出其中的矛盾，就算最常用於打鬥中的拳擊也鮮有人指出其危險之處。

因為拳擊是一種襲擊臉部並將其系統化的格鬥技術，然而這套運動的許多技

巧中，由於想要在其他運動中出類拔萃，所以相當重視對於臉部的攻擊。而在強調「攻擊對方臉部是致勝關鍵」的同時，也暴露了對於防備上的疏失之點。

但是，隨身保鏢所使用的拳擊術和當做運動用的拳擊，在實際上相差甚多。其間最大的差異可從其結構中看出。更具體地說，保鏢們的型態，是將下顎緊貼鎖骨，以肩胛骨包住臉部以為加強保護。

從四十八頁的插圖中便可清楚看出，運動用的拳擊術和打鬥中的拳擊術是相當不同的。這是一般精於打鬥者皆可洞悉之點。

那麼，為什麼攻擊臉部是在打鬥之中絕不可或缺的重要武器呢？這就得從解剖學的觀點來說。

在人類的器官中，支撐最重的頭部骨架的，卻是最細的頸骨。它是由七個頸椎關節所連接而成，極富可動性的構造，是相當便利於人的運動的，像是人類的頭底下裝置一個彈簧，也因此只要加壓力於此，整個頭部將會搖晃過度。

而當頭部一搖動時，不僅容易導致腦震盪，也可能造成頭蓋骨內側的骨突起而形成腦部傷害。

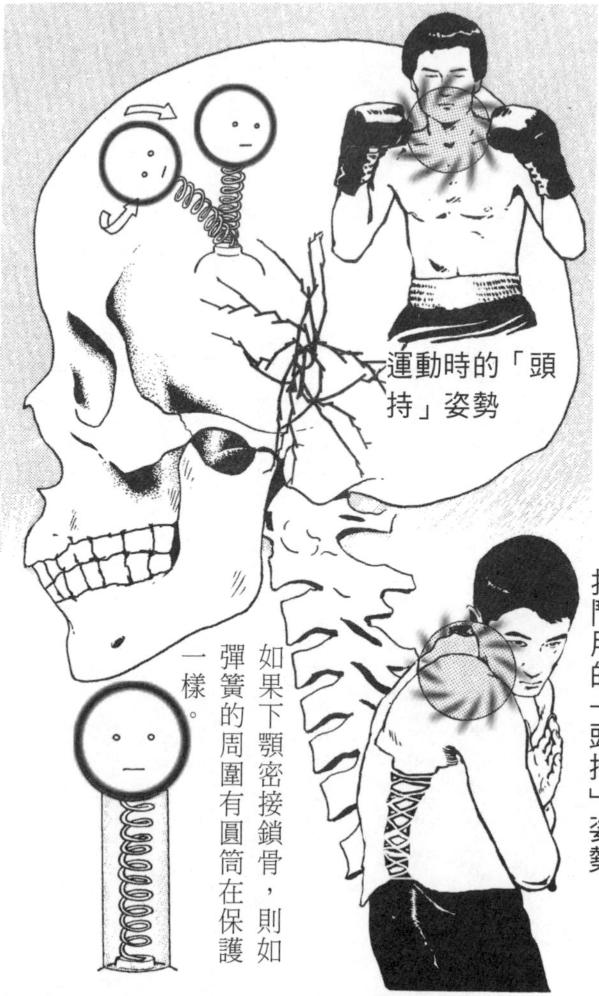
運動時的「頭持」姿勢
打鬥用的「頭持」姿勢
如果下顎密接鎖骨，則如彈簧的周圍有圓筒在保護一樣。

拳擊的架勢方式和一般無差，而骨法的架勢則可以用肩胛骨的力量使頭部得以固定不動。

就好像在一個鍋子裡放入一塊豆腐後拼命地搖晃它一樣，可以想像地將會呈現出亂七八糟的破碎狀態。這也可幫助各位理解為何在打鬥中，被攻擊顏面是件相當危險的事。

而另外說到「像蝴蝶一樣地飛舞」這樣的動作，對於一個長年參加比賽的拳擊手而言，容易引起腦部障礙，思考力減退，語意不詳，舌頭不靈光或甚至難於行走。這是任何一個武者所不能不正視的問題。

而在這個既重技術又需自衛的同時，就非得採用這種「頭部補強法」不可，我們不妨稱其為「頭持」。

或許有些舞者會說：「如果連對方的幾拳都挨不得而最後倒地，那麼這哪是真正的打鬥呢？」

對於這樣的勇猛精神及氣概，是該給予相當的評價。但是，如藝能或運動只不過是如花一般的理想狀況，至於說到因打鬥而被打倒，則就如花到果實一樣的現實。

能掌握呼吸法便具備強者條件

一九八八年十一月十五日，歐洲最強的男人羅勃卡曼在日本舉行了一場對決，由於是歐洲最強的男人，所以在比賽的後樂園大廳堂擠滿了各路好手想要一睹其風采。

卡曼的對手是重量級的冠軍拉古查特。在第一回合的前三十八秒，雙方互相以眼凝視而一瞬的交錯並無法分出勝負。

當卡曼一採取攻勢的剎那，就把對方重擊一拳而倒地流沫，如蝦子一般地縮在地上而毫無反擊之力。在拉古查特被擊的同時，雖然也擺出了攻擊的姿勢，但卻在稍微呼吸之際讓對方有了可乘之機。

當在控制室的記者圍著問卡曼時，他回答說：「就在對方吸氣的一瞬間，發出突然而猛烈的打擊，這是致勝關鍵。」

在說完後，他表示無其他竅門可繼續再說了。

在此一會戰後，這場比賽的觀戰者之一二宮清純先生，就以「強者就要能控

制呼吸」為題，於雜誌上發表了一篇文章。

其約略內容如下：

「在息氣的那一瞬間，可以說是人的身體陷入較弱的情況。我就曾經不只看過一次這種情況的發生。在一方準備吸一口氣而發生攻擊時，已被對方的呼吸控制法所制服。因此，強壯的體格和肌肉的伸屈度，固然是相當重要的關鍵，但是呼吸控制法更是不可或缺的一環。這也可以說是一門藝術的技巧，對於此種方法的研究，也是值得每一位格鬥家所需要深思而磨練的。」

如剛才所舉的兩位好手對決的例子中，敗方就是因張口要深呼吸而造成一個對方打擊的機會。而且在要吸氣之際，也正是腹部空氣吐完之時，在此一時刻若重重地挨上一拳，那麼後果將頗嚴重。

相反地，如果吸足了氣而保持原狀，則張開於身體中的空氣就會對內臟產生保護的功用，並可緩衝來自體外的撞擊力。因此，這樣的空氣所形成的氣勢，其機能會隨著氣體呼出而降低，所以在吸氣的瞬間，要採取較安全的姿態，而使得

吸氣這段弱勢期能順利經過。

所謂安全姿勢，也就是前文已提到過的降低自己的身體所受的攻擊面積，亦即在吸氣的瞬間保持半身姿態，並且更有意識地保護自己的身體。但是說是如此說，在實際上，每次在吸氣時就有意地將姿勢或動作改變而不讓對方察覺，這是件相當不容易的事。

那麼該如何做才是上策呢？其實也不用把它想得太難，一句話而言，就是在無意識的狀態下，使得「空氣墊」（air cushion）這個功能不致降低便可以了。

在我們激烈打鬥的時候，呼吸和姿勢似乎是密不可分的。如果各位試著去做胸式及腹式呼吸便可發現，胸式呼吸會將身體的重心提高，而足腰部位難以出力。而當做腹式呼吸時，肩部會自然地擺平，胸部放寬鬆，而肉體上的特徵是重心較下降至腰部，且腿的屈伸亦較有利。

有了這種姿勢後，人的身體也能在無意識中呼吸，並且能常維持這種氣勢式的功能。

以下便將這個姿勢的優點分別敘述如下：

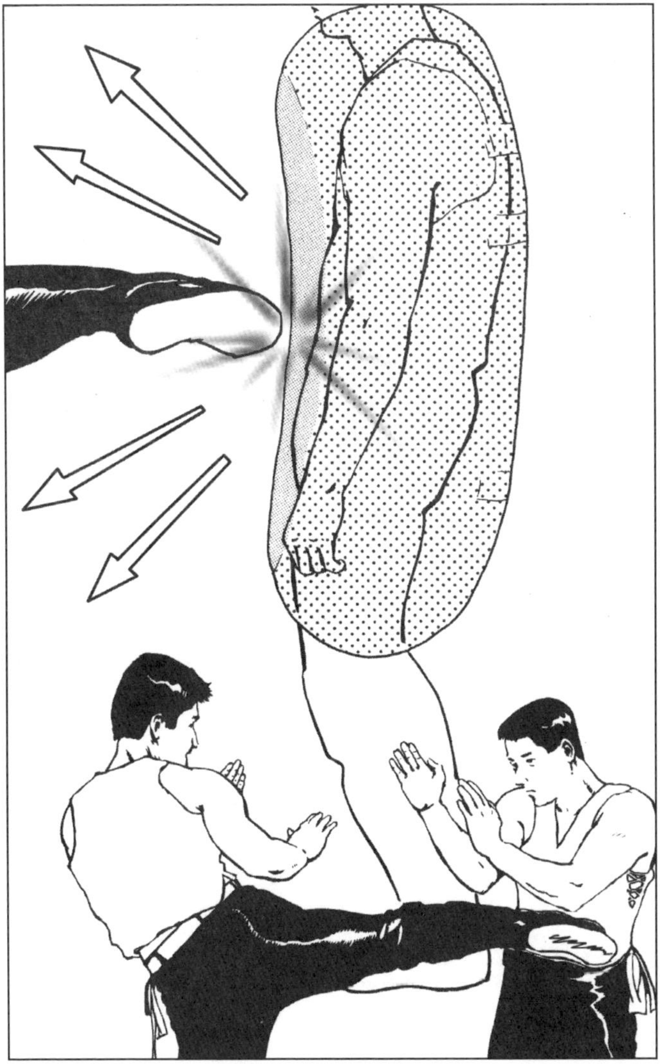

如果熟悉打鬥的架勢，即使受攻擊也可如墊子或彈簧在身一樣地受到保護。

1.垂肩曲腰的姿勢，能夠給予橫膈膜和腹肌十分足夠的運動條件，在無意識之中會因腹式呼吸而使得「空氣墊」的保護內臟的功能仍存在。

2.垂肩能使肩及背用力，曲腰能讓大腿的上部分用力，其結果便使得身體重心下降而給予足與腰安全感。

3.垂肩屈胸，會使肩部下滑而加強攻擊的腕長。

4.垂肩屈胸，能使自己的胸部要害部位陷於身體之中，這樣的防禦亦難使對方有機可乘。

看了上述解說後，便再度回想到最先所舉的例子，拉曼能夠擊敗對手，便是因為他比對方能夠掌握比較正確的呼吸法，並適度防衛自己，才能夠在短時間內，以一拳突擊力將對手打倒。

這樣的心得，可不是一般運動者所能夠體會的。

・立正的姿勢

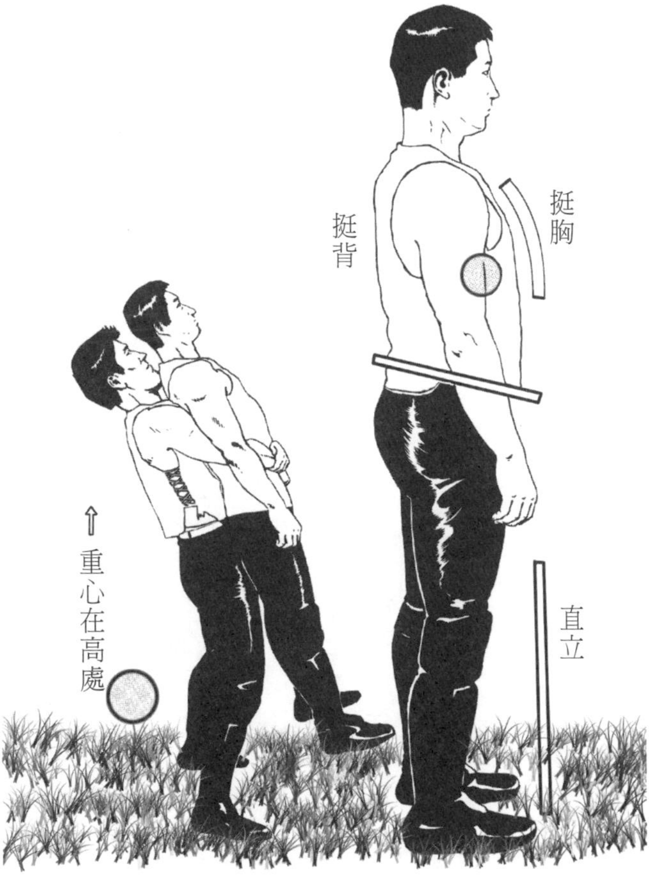

在軍隊中的立正姿勢實質和表面相反，弱如枯木。

・腰重心降低的姿勢

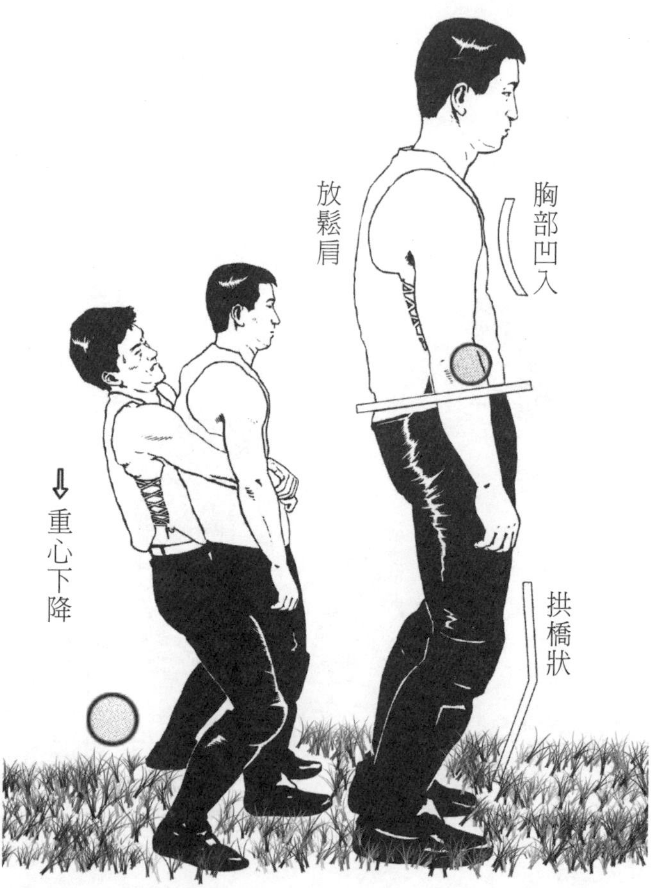

骨法的架勢是將身體托於地面上，如大樹的根廣為伸出一樣地穩固。

在不容許失敗的打鬥中與其用踢不如靠手

「在抓對手的臉部或是打時，最好盡可能地能夠習慣於徒手。由此，我也發展出了一套規則最少的北斗旗規則，而開始了我的大道館。

事實上，徒手比賽時，抓打對方的頭部都是被禁止的。但是在真正的打鬥中並不限於此規定，所以在北斗旗規則中，以往所不可用於比賽中的手技術，便可用於一般打鬥。

以前有所謂的『徒手的技巧七分在踢，三分在手』之說，但在一場制限於諸多規定的比賽中，手的技巧其比例或許只能發揮三分，但若真是碰上真正的打鬥，那麼這樣的數字就應相反了，也就是七分靠手的技巧，三分靠腳踢，或許也可因人而異的四比六這種比率。

當我去泰國參觀了泰拳的訓練過程後發現，幾乎沒有拳擊的練習，這也就是一般人觀念中只有踢而缺乏出拳的觀念，而且其持點方式及規則也多以踢較為有利。

但是，就武術的觀念來看，後面的腿想要前踢且踢中，是一件困難的事。也就是說，如果你的架勢是將左腳站於前，而此時用右腳前踢是較吃力的。更何況要讓腳左、右方向地側踢，那更是件不容易的事。

而這就要靠抓或打擊臉部來補充不足了。要用腳反踢對方，相當不容易，但要用手毆打敵方後腦卻並非難事。總言之一句話，規則固然是要遵守，但是也不忘要合於常理，這才是真正的藝術。」（「武術」雜誌一九八七年六月號）

方才引用的東孝先生所說的「七分在手、三分腳踢」觀念，可以說是對於打鬥的實際情況之重新評估，也是一種能反映實際情況的做法。

從這個看法引伸來說，平常看到的那種移動來往之空間很大，以便利用腳踢打等這樣的打鬥技術，由於過度的「重排場」而「華麗」，與真正的打鬥相去甚遠而不切實際。

另外，也有許多講求足部及腳部抬踢動作美感的格鬥家，他們或許在運動或受限於規則的比賽中能夠獲得讚許，贏得勳章，但若談到一般的真實打鬥，那

麼，這樣的「華麗的踢」就不見得能發生功用了。

如果有人問到，是否「七對三」這樣的比例就固定不可改呢？回答是：「並不是這樣的。」這是必須因人而異地做修改的。

為何用手抓還是比腳踢位於較不被利用的地位呢？當然，你腳的靈活運動程度若能和手一樣敏捷，那麼，這樣的比例當然就可變化了。

但是，腳的踢動作，要怎麼樣做才能發揮最有效的功能呢？簡單地說，就是讓腳踢的動作能夠和手部動作一樣地符合接近距離的原則。

就像曾幾何時，輕薄短小、五臟俱全的隨身聽或手提電視，也代替了笨重體積大的大型收錄音機及大電視一樣的，如果不能有效地運用短距離的空間，那麼再大的破壞力，也無法獲得發揮。

說句題外話，在電腦或通訊設備日漸進步而界限漸明的今日，格鬥之技並未隨著技術的改革而有所差別，反而有慢如「牛步」之感。許多人只研究理論、談論理法，卻不能真正地反映於實際。

就如剛才所說的，並非大排場、長距離，才能使腳步的踢功能夠發揮其威力，在骨法的理念中，三十公分的距離已足夠使力量發揮至最高。這亦是我所堅持的獨創見解之一。如果只是想要如玩耍一樣地自由地踢腿移走的話，那麼只是多給對方一些攻擊自己的機會而已。

最後補充說到，在技術上，腳部的運動可以膝部為起點來運動，至於踢腿分上段、中段、下段的技術，則不需要在此做太多的研究。

右半身的架勢最適於背後受擊

在前一節說過的攻擊對方時，以站於後方的一腳前踢是相當不容易的。但這並不只限前後腳的前踢，在前踢之外，後腳的橫踢、迴旋踢等，綜合所有後腳的踢動作，都並不容易踢中目的物。

由於後方的一腳距離對方較遠，所以在動作時，已有警示對方「我要開始攻擊了」這種作用，因此較不易踢得到對方。

並且由於這樣的準備動作，也可能影響到手部的出擊，造成不安的感覺而影響打擊力。這也就是在拳擊賽中，左拳較容易擊中而右拳較不易擊中的道理。想

要使命中率增高，那麼，縮短距離是唯一的方法。

但是在各種拳擊、空手道、柔道等架勢中可發現，其架勢都是把較敏捷的利腳擺於後方，這樣子要在最短距離內發揮作用，都相當困難。

由這個道理我們可以知道，如果採取左半身的架勢，那麼就得用利腳的右腳來支撐身體，而反而要用較弱的一腳去踢（這是以右腳為利腳的情況來說），這樣子並不能讓較強的一腳發揮功用。

如果慣用左腳的人，也是相同的道理。

在拳擊或其他空手道的個別流派之中，如果是慣用右腳的人，則常採用左半身的架勢，這便違反了常用腳的出力原則，這樣的出手或出拳、出腳一踢，經常無法打倒對方，反而讓對方有反擊的機會。

相反地，如果慣用右腳的人採用右半邊架勢，那麼在出拳、踢出時才能使右腳在短距離之內，發揮最大功能。

就如許多球類當中，如果慣用右手、右腳，幾乎所有的選手都是將右手、右腳置於前方，這樣也可利於手、腳的活動而適於投球。此外，如劍道、握持手槍或擊劍比賽等，所採取的架勢亦是遵循這個原則。

手槍、擊劍或劍道都是在手上握有用具的情況，而徒手的道理亦同。

此外，右半身的架勢，也可以在打架時，挨得起打，同時能保護人類最重要的心臟等器官。

這種架勢是要依照個人的左右特質與習慣來決定的。總之，讓較慣用的一腳在最短時間內、最短距離中，發揮最大的作用，這便是最好的架勢。

第二章

腳的妥善放置——兼具速度與威力的腳

在拳擊中步法最重要！

偉大的相撲力士——雙葉山的秘密

如果說架勢是一個人的陣地，那麼，步法可說是陣地的移動。

而所謂的「步法」，除了是速度與力量的表現外，也包括著足部運動的順利與否，並且在打鬥之中，能夠維持身體的平衡，除了能夠攻擊對方之外，也有能夠閃避對方攻擊的能力。

換一個方式來說，步法就和汽車上的輪胎一樣，無論車體怎樣的運動，輪胎都要發揮其安定的功能，並且輪胎本身就算陷入了坑洞之中，也要是車體能夠保持平穩。另外，腳和腦之間的溝通也是頗重要的。

在相撲界中眾所皆知的「橫綱——雙葉山的『摺足』」在下列報告中，有所解說，各位不妨細讀。

「著名於世的橫綱——雙葉山『摺足』，是在腳底的趾頭跟部與地面接觸面積變大，而腳跟的部分變小。（香原志勢）

在相撲或柔道選手訓練中「摺足」都是必要的一門基礎課。摺足並不單只是要使足部能保持平衡，以便產生安定性之外，也蘊含著多種意義。

首先，藉由膝蓋的輕輕彎曲，可提高下肢的彈性。這對攻擊或防守而言，都可增進技術，以便能夠充分的利用身體各部的機能。

人類是兩足動物，但在行走時卻只有一腳著地，另一腳則懸於空中。就如四足動物在走路時一樣，大部分的時間仍以兩足著地，這給予人或動物極大的不安定感。而這種不安定，隨著跑步或迴轉速度增加而降低。亦如汽車或摩托車在速度較快時，所產生的安定性一樣。

昆蟲是屬於六隻腳的動物，在步行時也是三隻腳站立於面上，但由於其安定性要比其他動物高了一些，故不容易跌倒。

但是，我們假定步行是全身性移動的不安定狀況。若是能讓身體略向前傾並熟悉這樣的動作，就可以減少許多跌倒的危險性。因此，多熟悉這種身體前傾的

姿態，不僅可以發揮強力的肌肉功能及平衡感，並且背部的中樞神經也較可能舒張開來。

這種身體前傾的姿勢若配合身體的前進運動，就稱為『動的前進運動』。而『摺足』便是腳底點的地面行走，以兩腳站立而不使重心只落於某一腳上的一種步法，『摺足』同時可以幫助這種『動的前進運動』的進行。

雙葉山亦即是利用腳趾的作用，使身體略為前傾且加快速度的。腳趾的跟部發達與靈活，可增加安定性。

怎樣才是『摺足』的姿勢呢？即在腳趾的跟部位，亦即中腳骨與腳跟骨之間作成一座拱橋，使其不致成為扁平足的狀態，而且像是在腳上裝了一個彈簧一樣，因此，『摺足』是相反於『扁平足』。

雙葉山其最大的秘密，即是在於『摺足』方面所花的苦心與『訓練』」

（『摔角週刊二四三期』）

這麼長地引用了這一段內容，就是要讓讀者們知道連勝六十九場比賽的雙葉

山，他的強勢所在，即是在於「摺足」的運用。

而一般人究竟該從何練習起呢？

在前一章已經說明過，以兩腳直立並行，是一種穩定重心的做法。在一般劍道的初學者所教的第一課便是「刀柄要像擰小毛巾一般地用力握」。經驗久了之後會發現，如果謹遵這個指示，兩手小指會緊握在一起，而兩肘會自動垂於中心線之前。

由這樣的姿勢可發現，力的出發全部集中在肚臍下的丹田部位。這種姿勢在採取攻勢時，所可能產生的威力，幾乎可砍斷所有的東西。

相對於這個姿勢的，如果將拇指與食指握住柄而以此部位用力，那麼在砍切之際都會顯得鈍而不夠利。這種原理，不僅適用於劍道、高爾夫球或是棒球球棒的握法，也可說是相同的事情。

這種小指的活用就和「摺足」的指尖運用一樣。因此，雙葉山除了可說是一個偉大的相撲力士之外，也可說是一位了不起的打鬥者。

現在，我們再來看一看「摺足」其優點在哪裡。

首先想到的是，在摺足而立時，只以大拇趾的趾跟為中心接觸於地面上，此外膝蓋稍微彎曲也可防止腰部受扭曲之傷，並能使身體的運動速度增快。

格鬥技術的三大要求：速度、力量與平衡也是在這足部內側，大拇趾趾跟這一點用力時，能夠使這三大要素達到最令人滿意的功效。

最後，歸納一下人在站立行走時，要如何掌握中心，大致可分為兩點說明。

①腳部以拇趾側，手以小指側較易施力。

②藉由此種重心的調節，可使手腳末端力量均集中至丹田臍下，在全身的力量皆統一時，就可使力量的速度與大小發揮至最大。

而且，這個時候的架勢，會使體內的各處都不致覺得有不妥之處。這不僅是天才相撲力士雙葉山所該具備的，也是格鬥家或是運動選手所必要知道的。亦可以換句話說，是否為第一流的，就端看這一個基本事項的功夫了。

骨法中的「摺足」含有舞蹈的原理

若更進一步地說，摺足就是「使重心不致落於單腳上」的技術。在舞蹈之

・舞蹈的原理

前方滑動是摺足，後方是舞蹈足。摺足和全部將腳貼於地面不同處。

想要前進時：
①以後足舞蹈的動作形成彈力。
②前足滑動就如摺足所示一般向前進。
③這樣在移動時既不會破壞了架勢也可縮短與對方的距離。

如果想要後退時，和進行方向相反的腳就形成舞踏足。

中，似乎也可看出摺足的存在。而在摺足中亦有著舞蹈的原理。那麼，骨法和舞蹈之間又有著怎樣的關係呢？

我們回想一下第一章中所提及的「打鬥的架勢」，在站立的時候，將兩手順勢垂下，將前方的腳放輕鬆，以後方腳的腳跟為重心踏於地面上。而當身體於一瞬間之間往前壓時，前足就得擔負起全身重心的責任。位於後方以腳跟踏在地面上的是舞蹈之足，而在不經意中滑過的足，便是所謂的「摺足」。

保持這種現象之後可發現，位於前方的摺足帶動著身體的前進，而後足也在毫無間隔的時間下被滑動而成為摺足，並瞬間的走動於地面。

當然，如果在真正的打鬥之中，就不能像實驗中所作的那麼明顯，而應在未被對方打到之前瞬間移動。

而且，利用腳趾跟部著地來造成保護墊，是每個格鬥者所應該多學習的。平常在移動身體或是步行時，前腳踏出時就會牽引著後腳，所以，只利用後腳的如彈簧般的氣墊來移動是較不自然的。

說到日本自古即頗受重視的相撲站立法來看，有時會看到力士用腳用力踢

後腳踢地面，前腳短距離的前進，是瞬間移動的良法。

地，藉由裡面所產生的反彈力讓其巨大的身軀能夠躍動。也因此我們說，相撲具有某些舞蹈的原理，亦是格鬥技之一。

除了相撲之外，從能劇或狂劇等傳統藝術從事者的步法來看，後方的舞蹈之足與前方的摺足都保持著調和的步調。

骨法也正如同這些日本自古以來的傳統戲曲或格鬥技術一樣，常常藉由這種來自大地的反彈作用，來增加突擊力或舞動程度。

舞蹈即可說是一種極自然的身體躍動。另一方面，以狩獵為主的西方人便和以農耕為主的東方人不一樣。西方人較喜歡如裝了彈簧一樣的步法。

在拳擊中有一個極重要的技術，即是飛繩法，在相撲或骨法之中，並無這樣的鍛鍊法存在。這是理所當然，就如摺足和如彈簧般的步法其用法也不同。

現在許多標榜真正打鬥的格鬥流派中，幾乎多採用拳擊中的彈簧原則。就他們的說法是「較浮起的腳跟，要比傳統的步法更能快速地移動」。

在拳擊中所採用的步法原理，是讓腳跟浮起，亦即利用腳筋的彈性來自由地活動。說得更明白一點，就是如垂直跳躍時一樣，利用落地後地面所產生的反彈

骨法的步法和日本狂劇、能劇等傳統藝能一
樣使用摺足。

力躍起，此外也是使肌肉能夠活用。讓肌肉如彈簧一般地有彈性，因此，小腿到三頭肌在拳擊手而言，可說是彈簧肌。

拳擊便是想要藉由如彈簧般的躍動，來強化肌肉骨骼，而且這種步法也是一般人較易學會的方式，由這裡可以說明它所以受歡迎的原因。

相反地，如日本的能劇或狂劇中的步法，就是一個平凡人而言是難以習得的，這也正是摺足較無法推展的原因。

摺足和完全貼於地上的步法有差異

摺足在劍道或柔道的步法中，有時幾乎等於完全貼於地上，以腳拇趾的趾跟為站立腳，而以後腳的舞蹈足為原動力移動身體，這即是所謂的摺足最傳統的步法。

摺足在一般的比賽或表演中，由於較難學習，故獲得較高評價便較困難，因此許多實戰派的格鬥者，便捨棄了基本的摺足而追求拳擊流派的步法。

但是，拳擊用的彈簧足步法，除了會對心臟造成負荷外，藉由腰上下的搖晃

而使得肌肉衰退這點也不能忽視，另外，可能連帶造成體內活力漸失，這些暴露出來的缺點並不是每位格鬥者都能察覺的。

相對於此的，藉由地面的反彈為原動力，所發展而成的骨法中的摺足，不需要過分地飛跳，左右移動也並非那麼容易被控制。

從剛才就一直強調其重要性的骨法中的摺足，是以拇趾趾跟踏著地，而後方的舞蹈足為背後支撐的，因此，無論在移動或是增加速度時，都是靠後方舞蹈足的力量施予地上，地面反彈後才完成的。

此外，攻擊對方或是踢、打時也都是靠這樣的力量。

反過來說，拳擊時所採用的步法，一直都是抬起腳跟而使肌肉能夠活用，但由於支撐身體的只是足部內側的一小部分面積，故容易造成疲勞且有不安定感，這些都是此步法無法克服的缺點。而將腳全面貼於地上，在活動與瞬間爆發力上也較為弱。

總之，無論是拳擊時用的彈簧足，或是將腳全部貼於地上，在打鬥之中都屬較不利的架勢。

市街打鬥中所學得的摺足

說到將腳全部貼於地面上這樣的步法，有些拳擊的評論家嚴厲地指責，這完全忽視了拳擊的基本精神。你如果仔細的觀賞拳擊的錄影帶，必然發現將腳底完全貼於地面上，和所謂的摺足是不一樣的。

真正的常勝軍，是使用摺足來運動，兩足之間彼此互相滑動，不要用彈簧足，這樣在對方攻擊自己時能夠盡早避開，並且能夠追得上使用彈簧足的人的逃避，給予必要的出擊。並且也可以將敵人制約於一個角落而自己可較免於被攻擊。

於許多比賽中也可以看到，像蝴蝶一樣飛舞的人，多半是彈簧足的使用者，其往往無法逃得過使用摺足的人的追擊。這種摺足的學習，可能得自於歌舞劇的表演者身上。依一般的情況，這種摺足的習得，就一個拳擊手而言，也有可能經驗是來自於市街的打鬥。

因為一個拳擊手，其生長的背景與環境通常較常人複雜，可能是成長在犯罪的聚集地，也可能早已視殺人、強盜為常事。就有一篇敘述一個拳擊手其所處街

・三種站法重心不一樣

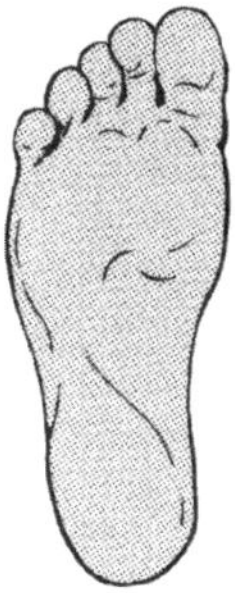

《貼於地面》
因腳底支持面積較廣，故身體較難輕快移動，且欠缺瞬間爆發力。

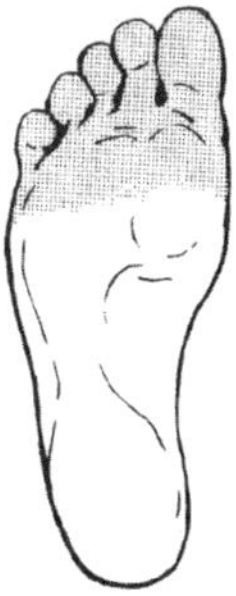

《以足尖站立》
如拳擊之將腳跟抬起的站立法，除了使支持面積變小之外，依然欠缺安定性。利用肌肉的彈力可得到較快的速度，但卻較易疲勞。

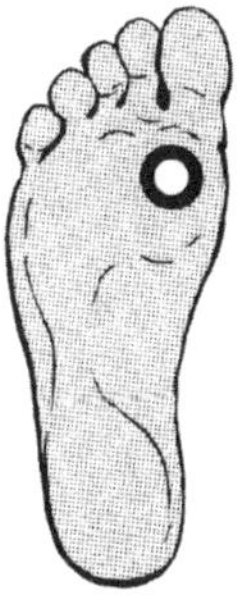

《摺足》
以拇趾的某一點（黑圈）支撐體重，而將腳全面放在地上。這集合了速度與安定的同時效果。

市的報告如下：

「當走下了地下鐵的車站，立刻就會聞到一股尿騷味。到處大小便的人所留下的黃色尿液隨地可見。進入地下道後，立刻看到兩個剛從酒家喝得酩酊大醉的黑人，互相咆哮嘻鬧地走著，大聲叫喊之下引來了兩名白人警察向那兩名黑人追去。

一個記者並未接受其朋友的勸告『你搭計程車去，接了一點照片後再搭原車回來』而獨自走在這條街上。

地下鐵的全線搭乘一次是一個人一美元。售票亭也因怕被襲擊而全部為防彈玻璃，對話只能靠著麥克風。

泰森從小就曾住過少年院，這個少年院是一所專管不良少年的場所。泰森在未進少年院之前所住的地方，從地圖上一看便知道，離這裡不到一小時的車程。

紐約的地下鐵是二十四小時無休的，經常車內是寥寥無幾的少數乘客，因此，在地下鐵發生打鬥事件也難以控制。」

泰森所處的環境，如文中所敘，是相當不好的，說句更明顯的話，幾乎可說是不良幫派老大的聚集地，這樣的生存環境下，許多自衛性的打鬥是絕對無法避免的。這也正是其他拳擊手的寫照。

我認識的一個美國籍的保鏢，他在與人打鬥時所採取的步法也是以摺足為主。我便把到目前為止，記憶最鮮明的例子告訴各位。

有一天，傑克森和其好友從拉斯維加斯的酒吧找尋喝酒地方時，最後找到了一家鬧中有靜的地方。而我正在酒吧中。

當有一個酒保問我說：「你是中國人嗎？」時。我不耐煩地回答：「不，我是日本人！」正在考慮該不該回答時，鄰座六、七個彪漢開始望著我看，彼此竊竊私語，並且不懷好意地看著我。

我端看了四周的環境，覺得並沒什麼好怕的，於是便無視於他們的「警告」而繼續地坐在原位。

就在我往他們那裡瞄過的一瞬間，他們其中一個人拿起杯子向我砸來。在我即時閃避之下，杯子丟中了我腦後的牆壁，發出破碎聲。這種玻璃的破碎聲惹惱

了平日脾氣不怎麼好的我。

看到兩方的僵持，酒保的臉色發青，不發一語。而對方皆是身有刺青的混混。這時我心裡想「真是好極了！這種正當的防衛，一定可以得到傑克森的援助。」就在此時，傑克森從後方拍了拍我的肩膀，眼神交換了一下，似乎他告訴我說：「這件事就靠我來解決了！」我心裡想，能看一看美國的保鏢的打鬥方法也算不錯，於是我就點點頭，並將身體後退五、六步。

「咻！」如子彈的飛速般地傑克森揮起拳來，拳頭及拳頭上所戴的戒指如火花般地打在對方的臉上，一下子就倒下四、五個人，剩下的兩個人便各在手上拿著酒瓶，其身材魁梧的程度也如西部片中的大漢一樣。

他們所採的姿勢也就是躍動的彈簧步。兩方爭執的戰場移動到了中央的地帶，隨著雙方對峙的情緒升高，我也被帶動了起來。

傑克森和兩個大漢的距離約只有兩公尺，在互瞪數秒之後，對方的其中一人拿著酒瓶就要打下來，傑克森輕閃過之後反擊對方一拳。然後，更以滾輪筒般的輕巧步伐奔至這一個人之前，而後聽到的就是對方「砰！」的挨打而倒地聲。

當我親眼看到了這種情況後，以前頗為自豪的打鬥，現在實不敢再誇大。然而，雖是還不算技術好，但總覺得該挺身而出幫一幫忙。於是，我邊喊著「傑克森！只剩下一個了……」一邊站在那個最後一個混混的背後。

那個大漢想用兩手抓住我面向著他，我便冷不防地把他的膝蓋用力一踢，那大漢的臉部幾乎扭曲。但是，傑克森認為要做得更徹底一點，於是便抓起了那大漢被我踢碎的膝蓋，以膝蓋骨為中心左右前後地扭轉。在那人大聲地叫著後，便開始在我們面前痙攣起來了。

那天晚上，當我和傑克森互相交換著心得時，他很明白地說，用滑的方法來控制腳步是他一貫的原則。更進一步說，便是摺足原理的應用，這種摺足之步伐也是我一直深信不疑的必勝步伐。

而實際上的骨法中所用的步法，到底有哪些呢？最常見的步法是「送足」、「繼足」、「後方繼足」、「換足」、「後方換足」、「交踏足」六種。基本上，這些步法都是利用到摺足及舞蹈足的原理。

另外可能還有一些無法詳述於本書的步法，雖然有些可惜，但其間的道理是

互通而大同小異的，所以，只要能夠熟悉以下所列的骨法的步法並用於實際的打鬥之中，那麼一定可以好好的保護自己免受攻擊。

送足

•利用地面反彈的步法•

在骨法當中最常用到的步法便是「送足」。若按照全體比例來看，送足的使用率達八成到九成之高。

送足有利用到舞蹈的原理。在前章已述過，舞蹈足的功用是利用地面的反動力移動身體的一種技巧。

朝進行的反方向給予避免壓力（例如，若是要前進，指的是後足，如果要向右，指的是左方之足），那麼就可促使身體朝著想要前進的方向運動。而被推送前進的那一腳，當然非得採摺足的步法不可。藉由來自地面的反彈力量來轉換成踢或打的衝力。

就速度言，採用這種摺足的方式也較能發揮功效。此外，想要保持自己的姿勢不變又還能追得上對方，那麼，這種步法可說是最為合適的了。

・向前移動的送足

以後足為舞蹈足使身體能快速向前移動，而前足則保持於「摺足」狀態。

・向左右移動的送足

橫向移動時，和進行方向相反的足為舞蹈足。

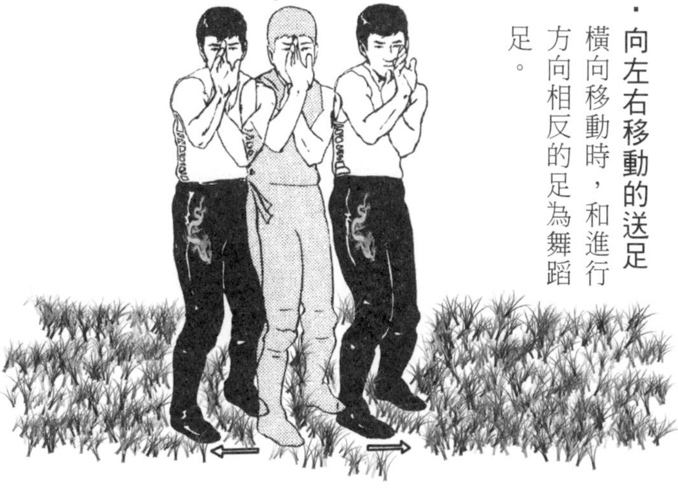

繼足・後方繼足

•縮緊距離的步法•

和對方之間的距離在對方不知不覺中達到縮緊接近的步法，稱為「繼足」。

首先從一個人的架勢來看。在後方一腳（經常是左腳）放置到前方來與前腳齊，前腳在放出去於後腳之前，這樣的動作可避免上身過大的移動而提高對方的警覺心。

而且，經常對方的視野只能及於人的腰部以上，故只要小心運用此步法，就能在對方不注意之際，縮緊距離。

「後方繼足」即是反方向地由後方移動旋轉的步法。又可稱為「逆踢」或是「摺踢」。

因為身體要旋轉時常常是對方可趁之機，因此，這種步法也配合著手的動作以緩和扭轉時身體的被攻擊。此時除了右手放下以保護身體側邊的弱點部分，左手還是要上舉以保護頭及臉部。

· 繼足

結構中使左足向右足靠近。
由於上身不動，故可以使對方在不注意之際展開運足的行動。
以左足為軸而以踢或掌打為攻擊。

· 後方繼足

右手下揮，使身體呈易於轉動的姿勢。
一邊防禦側面並使膝、腰迴轉。
形成另一種攻擊姿勢。

換足・後方換足

•一口氣縮短距離的步法•

「換足」是當自己和對方距離甚遠時，一口氣的瞬間內縮短與對方距離的步法。

當距離相差甚遠時，若是送足則可能要四、五步以上，而若採用換足則只要兩、三步。由於它的目的並非要對方難以察覺，而是瞬間縮短距離，故身體移動的幅度會比較大。

其移動的方法並沒有想像中的困難，只要參照插圖所示便可了解。

但是，要各位特別注意的是，在移動的時候，腳要經常保持摺足的姿態。而「後方換足」其目的在於使自己的動作能夠更敏捷而靈活。所以，它是集合了「逆踢」、「摺踢」及「龍捲踢」等各種步法加以應用的。

此外，它也是一邊迴轉，手一邊著地的「逆回踢」基本步法。同樣的能與對方之間的距離縮短。

・換足

架勢由左足在右足之前換腳。

手的架勢不要改變並快速移動。

右足以摺足姿勢向前，可縮短較長的間距。

・後方換足

將身體姿勢變為右扭。

以右腕為防禦左足迅速向後跨。

主要使用踢的招式。

交踏足

•一瞬間轉換架勢的步法技巧•

所謂「交踏足」就是在一瞬間內轉換掉自己一個不想繼續使用的架勢，而成為另外一種姿勢的方法。

此外，當自己與對方太過接近時，也可藉由慣用腳（通常是右腳）的舉起而有效地能夠踢打對方。除了有牽制及假攻擊對方的功能外，也可使右腳有較強而有力的攻擊力。

以上已經介紹完了各種古法的步法基本型。雖說是必要而需加強練習的，但還是稍嫌不夠。

此外，如何將這些基本型的步法在自己腦海中經常複習，並獨創出一些自己的組合步法，這才是最重要的。也就是說，儘管有法則可以遵循，更重要的還是個人的獨創性的具備。在頭腦中也可隨時假想有一個敵人，並想一想要以怎樣的架勢來應對，這才是平時所要做的工作。

‧交踏足

從原姿勢快速向左轉。

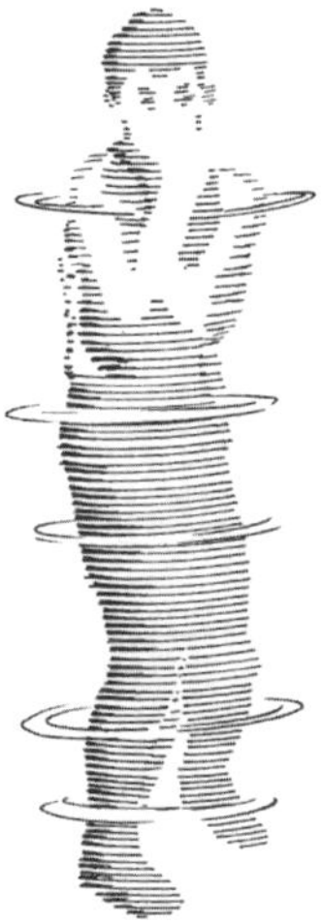

左手在前防禦臉部。

以右足進行強力之踢。

第三章 拳與掌——掌是溫柔的武器

能震動腦袋的掌侵透力

拳容易落空且諸多缺點

在打排球的時候，殺球的動作只見有人用掌，而沒看過有人用拳來殺球，這是必然的事情。因為以掌殺球除了較能瞄準之外，手掌密合著球面也比拳要來得容易控制球的方向。

同樣的道理，如果用拳去打球，那麼，很容易會因為接觸面積太小而沒有打中，或是不易控制。

接近球形狀的人臉，如果要能打中且能夠面與面的密合，也非得用掌不可，否則將容易喪失許多力量。再加上這個顏面於腦殼之下，有著人體最重要的腦部及負責內臟活動的血管與神經，無疑地這個部位可說是人體中的「要害」，最需要保護的。

就如以掌殺球一樣，以掌打擊顏面可給予較大的衝擊。

除了利用掌的正面之外，也可利用掌側面的效果。就如刀子或斧頭切東西一樣，具有切割的力量。

另外，在攻擊對方的身體時，如果對方是正面對著自己的架勢，則出拳較為合適，但一般具有實際經驗的人，多半是以半身（斜面）的架勢出現，這時標的面積就變小了許多。

在以腿踢擊對方時，亦是這樣的道理。如果面對的是對方的斜面，則所攻擊的是一條「線」，若是面對其正面，那麼，面對的就可以說是一個「圓」，當然，對於線的命中率沒有對圓的命中率高，這樣的道理相信各位可以理解的。

或許有人會有些疑問，就是這一出掌的力量，最大值達到多少呢？在打鬥的真實情況時，與其抱著「一擊必殺」的觀念，不如首先「以手攻擊」。如果把對方的臉部擊傷、留著鼻血，那麼，要繼續攻擊下去便較能輕易獲勝。

像這樣以手掌打擊的方法，是非常有效的，但並非唯一的方法。除此之外，關節的技術與運作也需要同時加強，才能在真正的打鬥中獲得較優勢。

出拳容易使手骨折、手腕疼痛

現在就以當作武器的手的構造來做探討。

一般人並不怎麼知道的，就是我們的手是由二十幾根小骨頭所構成的。但是，我們採用拳來攻擊對方時，是以手掌中的「中手骨」為先端，所有的衝擊力均由中手骨的部分滲透。

我們從解剖圖中可發現，這塊骨細而弱，在握緊拳頭而肌肉緊張的情況下，這部位的骨頭更難以確保能夠禁得起衝擊。

許多人就是在打鬥中採用拳頭出擊，使得拳頭發生骨折的，就算是險勝了一時，然而骨折的痛苦經驗卻難熬。

尤其是有種情況，就是原本預定要打臉部，後來因誤打而攻擊額頭時，造成損傷的程度就更大了。

平常最常用到拳的運動就是拳擊。在訓練或比賽時，必定是在戴著手套前，先捲起手來的。因為若不這樣的保護，而使得拳頭受傷了，對一個拳擊手而言，

等於結束了他的第二生命。

日本名拳擊手浜田剛史是一個很好的例子。他是一個天生的拳擊愛好者，在每次衝擊來臨時，他總是以自己的拳去對應。最後終因骨折的發生而不得不退出拳擊壇。骨折的地方在於左拳食指的中手骨部位，由於耐不住衝擊力，最後終於發生骨折。

浜田敘述著骨折的痛苦說到：

「手的關節部位不知道該怎麼說，除了手指甲痛之外，有時手的疼痛也會造成頭部抽痛，這種骨折的疼痛比被對方重打一拳還難過。這樣的疼痛，絕非一個未受過此種痛苦的人所能夠了解的……。」

除此之外，出拳的缺點之一便是會造成手腕關節的容易鬆動，在擊中標的物的一瞬間，造成手腕的疼痛。

最後，更單刀直入地說，在手握拳的時候，屈曲的肌肉會因收縮而呈現緊張狀態。

若我們將肘屈曲，則要靠上腕二頭肌，舒張時則要靠上腕三頭肌，也就是

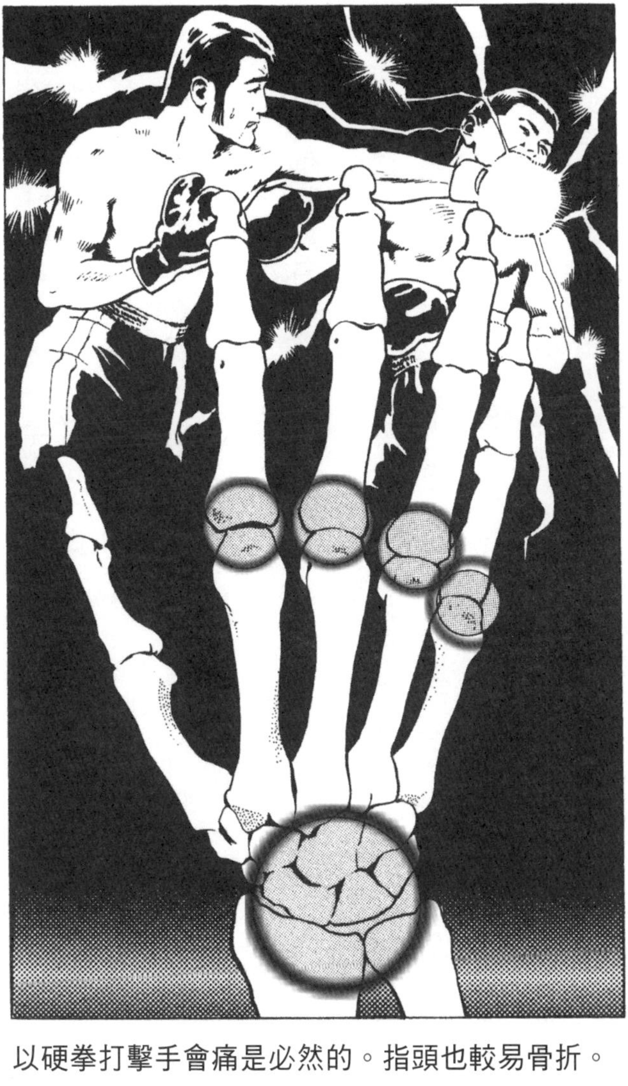

以硬拳打擊手會痛是必然的。指頭也較易骨折。

說，這兩條肌肉是互相為反作用的。

如果二頭肌收縮，那麼三頭肌就非伸直不可，故若再握起拳頭用力出拳，那麼三頭肌就會在兩方的緊張狀態下，不僅可能組織崩潰，還有可能波及二頭肌。

相反地，如果將手張開，不僅不會違反了二頭肌與三頭肌的相互作用，反而能使力量集中地向對方攻擊。因此，出掌比出拳還要具有效果，且不會傷害生理構造。

掌具有催眠對方的效果

拳和掌哪一個比較有利呢？首先考慮這個問題。我們知道，在打鬥之際，人的精神是呈現亢奮的狀態，頭中充滿了血，這時就要抱定有發生衝突的可能性。

因此，在冷靜的時候可以擊中或可以踢到的目標，會因為亢奮的精神狀態而使得內分泌活躍，心臟血液流速加快，精神的高揚和肌肉的緊張而變得不能如願行事，有所誤差。

此外，也有一種情況，就是在被對方攻擊後，應該感到痛的地方反而不痛。

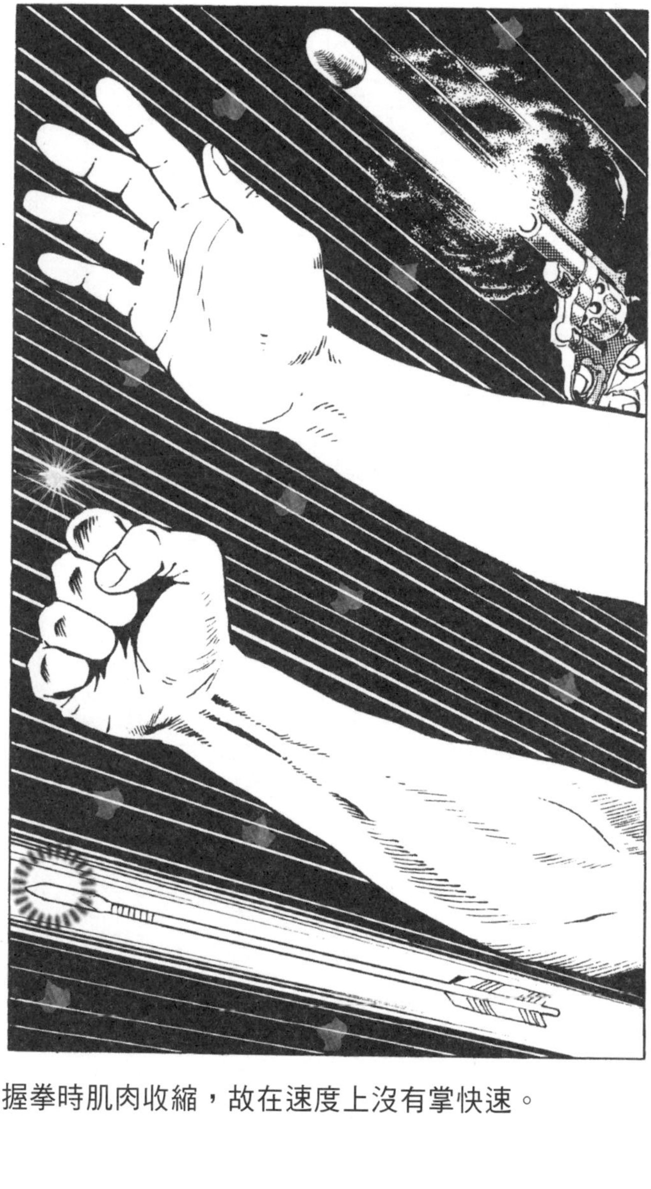

握拳時肌肉收縮，故在速度上沒有掌快速。

也有對方因被自己的拳及肘沾染了鮮血，而和自己演出生死之門的經驗。也就是說，一般人在進入打鬥狀態後，其精神或心理狀況並不能如一般人平常心。

拳和掌比較起來，拳的硬度較高，因此攻擊力集中於一點後，容易使對方有皮肉之傷，在前段所敘的打鬥中人的亢奮狀態及對於死亡的恐懼狀況之下，會有警示對方要努力抵抗的意思，因此用拳並非明智。

相反地如果用掌攻擊，由於壓力分散至全面，雖無外傷或較不疼痛，但對於腦及心臟的震撼是很大的。

此外，以拳擊用的手套攻擊對方，也較沒有明顯的傷口，但其可能造成的是腦的受震動及身體的不穩定狀態，並且失去了意志力與思考判斷力，最後可能就倒地不起了。

人類只要有堅強的意志力去支撐，那麼再大的痛苦也能夠耐得住，如果意識變得不清楚甚或失去鬥志，那麼就算是一點點痛苦，也會無法忍受。這也就是在打鬥之中，鼓勵以掌代拳的道理。

或許走過一趟鬼門關的人會知道，在打鬥的時候最恐懼的是自己一再地被命中要害，或是對方如蛇被激怒一般地具有攻擊性的時候。特別是後者情況，更是使人毛骨悚然。

在這裡必須要補充說明的是，從握拳到開掌，之間需要的努力是難免的，而且以拳來攻擊和以掌來出擊，原本就是完全不同的，就算是一個高段的空手道選手，也必須對於這種新的嘗試有某些程度的認識之後才能使用。

在空手的威力之中，還有一種叫做「割瓦」的功夫，這樣的功夫也絕非偶然。這是一種典型的對於運動能量的信仰者做發展出的一種運動。

「割瓦＝空手」，大家對此所抱持的印象，就是一門對於空手打擊要有高深研究與功力的功夫。

而傳統派的空手打擊著，在用拳時，由於腕肌肉的緊張，整個拳像錘子一般重且堅固，可以破壞東西。

但經常被忽略的是，雖然同被當作武器的一種，但其原理與精神是不同的，故在此提醒各位注意拳與掌之間的差異，才不致有誤解之處。

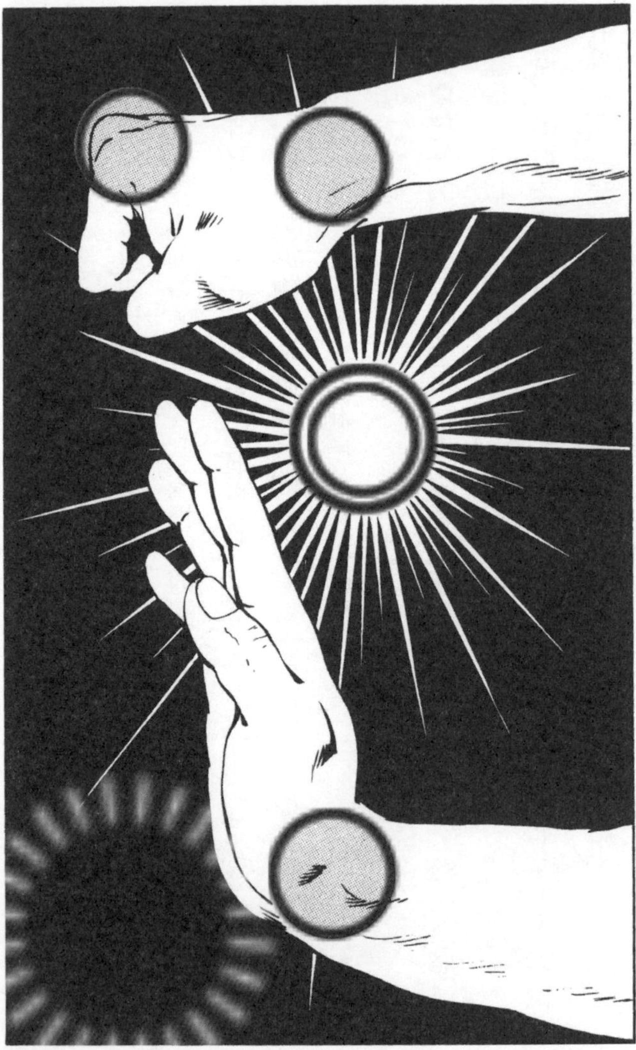

出拳容易弄痛骨頭且手腕骨易受傷，掌則無比缺點。

以「腦震盪」為標的掌打

骨法中的掌和「運動物理學」中的空手不一樣，接近於「生理學」的層面。人體是有一些軟的（如空氣、血液）及硬的（肌肉、骨等）物質所共同構成。

另外，離題的說到傳統的民族醫療的骨法整體治療，即是「將身體熟練地振搖」，僅是如此便能治好各種病患疑難雜症。

藉由對於人體的振動而使人類體內引起波動，崩壞了的氣、血、水之平衡也能夠恢復。因此能治癒疾病而增加活力。而事實上，掌的原理亦是如此，只是要將其解釋往反向的效果較適宜。

就如原子的威力一樣，如果用於和平，就可以替人類解決許多問題，但如果用錯地方，那麼要毀滅人類亦不足為奇。

從開始就提到的骨法中之掌打，即是由體表將衝擊的波傳送至體內而造成人體中的氣、血、水失調，最後終可停止生理機能的運作。這也就是在第一章中所提到的卡曼能夠一掌擊垮敵人的道理所在。

現在許多空手格鬥者也強調掌的重要性。拳擊賽中，出拳便較能致勝。但是這種帶著手套攻擊對方的方式，若是擊中顏面，那麼隨時有「腦震盪」的可能，這和只想要臉部受點皮肉傷的原意相去甚遠。

如果有人問到，這種帶著手套出拳和掌打所造成的效果似乎還有點類似。關於這個問題，也不能完全說不是如此，只是拳擊的一拳像是被棒球打到一樣，而掌打則是像濡濕的毛巾接觸身體一樣。

有經驗的人或許知道，用濡濕的毛巾打身體時，會有一種麻痛的感覺，因為毛巾的接觸面能較廣且較密實，衝擊波也因此較有徑可傳。

而拳擊中的一拳，是介於濡濕毛巾與鐵錘之間，故能夠傷得了目標物硬的部分（表面的皮肉和骨），但是否能傷得了其軟的部分（腦或內臟），那就不得而知了。

相對於此的，許多人常用的是空手推人，想要粉碎敵人的骨且一擊必殺，這似乎不太實際。

現在有許多人正在研究的是讓體內液體有所變動或是中止呼吸這樣的「中性

泰森的擊水袋法是否和骨法一樣考慮到水接近
人體呢？

子爆彈」攻擊法，這和拳擊所可能造成腦震盪的原理是一樣的。不過，要提醒各位的是，不可只看一件事物的某一面，而應從多方面去考量。

就如拳王泰森在練習時，除了打沙包之外還打水袋。這是因為人體當中五分之四由水所構成，因此打水袋時其組成分較接近人體，給予那些水袋的衝擊力練習，可以使自己在真正的打鬥中更能運用。

因此，泰森的拳並不能讓人肉裂骨爛，而是藉由拳的衝擊力，產生對於身體內臟的機能破壞。或許是自我吹擂吧！我甚至可以說泰森出的拳並非真正的拳擊，而是骨法中的一種。

被稱為科學集團的泰森所在的團體，或許早就在訓練一個選手如何地將人搖晃震動而成為腦震盪。

而說到骨法中的掌打，其最大速度是幾公里，單位面積衝擊力有幾公斤等這些問題，或許還有待臨床學的研究與發展才可。

彈·直

●以肘為起點直接出擊●

所謂「彈」，就是以肘為起點，如剁東西一樣的出擊，一方面可牽制對方的活動，同時又可計算自己與對方之間的距離。

此外，「直」也可用於腰迴轉時的打法。其最大的優點在於利用肘的屈伸力並以掌攻擊，會比拳擊中的出拳在速度上快得很多。

在前面已說過，由於拳會使屈肌容易緊張，因此就科學觀點而言是無速度可言的。而且如果命中的話，還會給自己一些傷害。

但是，如果各位把它當作是「一擊必殺」的手段，那麼對於此骨法的一部分，可能就是誤解了。此外，需要注意的還有許多，在本文中或許不能詳述，但只要參考插圖便可明白其步驟。

在運作時，手肘先不要動地旋轉，在要擊中目標的一瞬間將手伸直，這樣可以給予對方浸透性的衝擊力。

・彈（右）

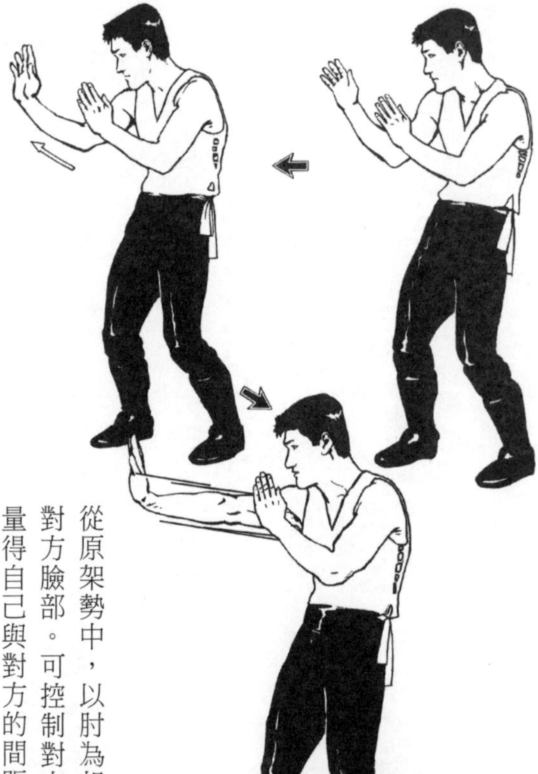

從原架勢中，以肘為起點出掌對準對方臉部。可控制對方的活動並可量得自己與對方的間距。

・直（右）

從原架勢到膝、腰、足腕的扭轉。以肘為起點打擊對方，並因有迴轉而收效較彈更大。

・直（左）

從左方的「直」其方法與右方相同，將左肩稍向內而以肘為支點出掌。

橫

●利用腰的迴轉打擊對方側臉及側身●

和「直」的原理相近，而利用腰的迴轉打擊對方側臉及側身的動作，稱之為「橫」。

也就是使對方神智不清的出擊。

這個時候，若是以對方的下額為目標就能更具效果。而且除了臉部之外，對於敵方身體的攻擊，也可以「橫」的方式打擊。此外，以對方所擺的架勢不同，可攻擊的要害處也因此而已。

但是，若只是轉個身、扭個腰就想得到效果，那是不可能的，那還需要從足到膝、腰及背部呈螺旋狀態（在骨法中，這稱為「舞」的技法），並加強基礎的訓練，才能有效果，否則只是扭腰，那麼，可能沒有任何作用。

• 橫（右）

除了扭身之外可出手打擊對方側面以達到搖晃頭部的目的。

• 橫（左）

左側方法亦同於右側。除了可打擊頭、頸之外，也可打擊身體。

曲

•從對方的死角處由側面揮下•

所謂「曲」，就是以肘為起點，而一邊迴轉，一邊上揚，然後再用力朝對方的側面揮下去的一種技法。

如果想要更具效果，可雙手並用且連打數下，以達到搖震對方腦部的目標，使對方昏沉不清。

此外，也有可能除了這個技法之外，還要配合踢或推等攻擊動作的狀況發生。

「橫」的動作，雖然說是比其他動作還有效，但由於技巧與動作較困難，若非有基礎或是中級以上程度，則難以習得。

從左側的打法大致和從右側相同，只是稍把左肩依於右肩方向較好。

・曲（右）

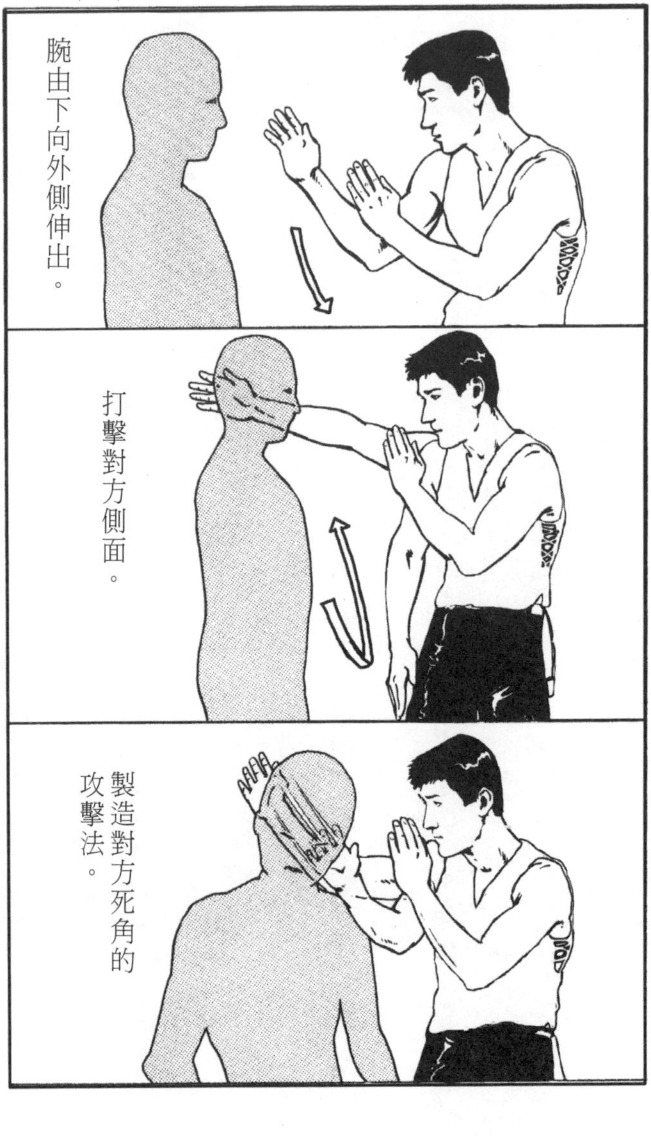

・曲（左）

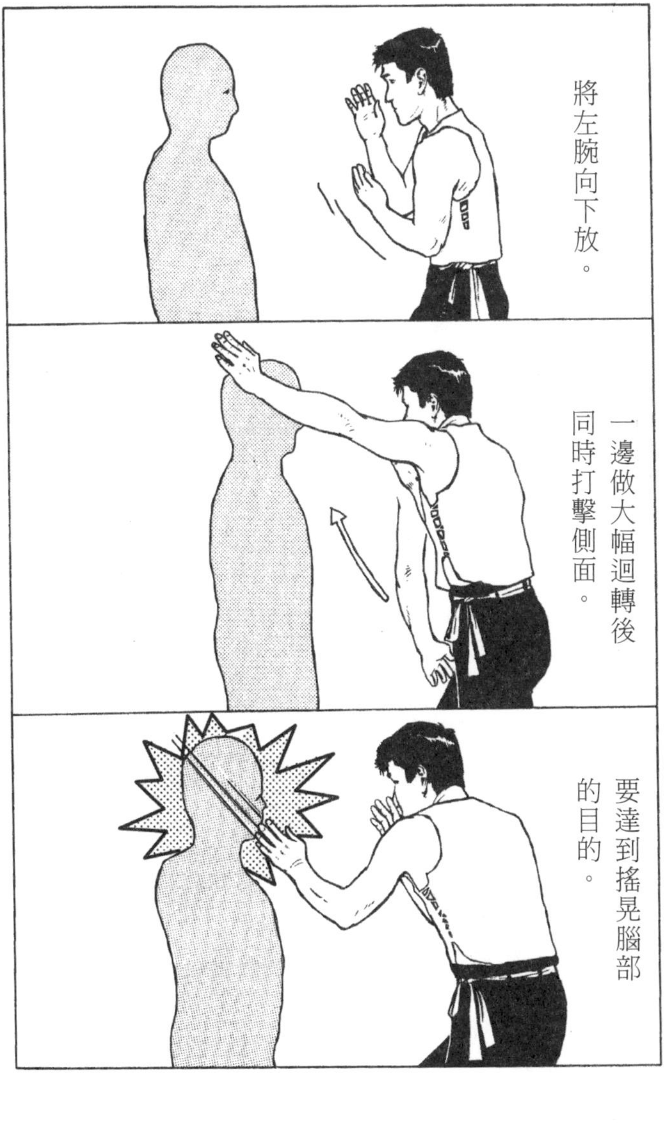
將左腕向下放。
一邊做大幅迴轉後同時打擊側面。
要達到搖晃腦部的目的。

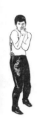

變形曲

•在打中之後再將手腕一轉將更具效果•

「變形曲」前半部和「曲」的動作一樣，只是在擊中之際，將手腕一轉是其最大的差異。其威力比起「曲」當然要來得更強更大。

這門技巧的最主要部分，也並非要受攻擊的部分表面受傷，而是要讓對方的頭部因劇烈的搖動而造成腦震盪或神智不清等結果。

在練習骨法的時候，或許會因為怕顏面受傷而戴上防護面具，但就這種「變形曲」而言，卻毫不發生作用。若要頭部不致被搖晃過於激烈，那麼最重要的關鍵便在於架勢。

如果沒有良好的架勢，受到這種技法的攻擊時，威脅性是很大的。手腕在一轉時，是要將對方的頭溫柔但快速地轉向自己的指尖及胸部的方向。此外，與踢相互組合的和招式也非常有效果。

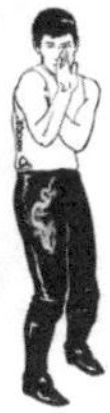

• 變形曲（右）

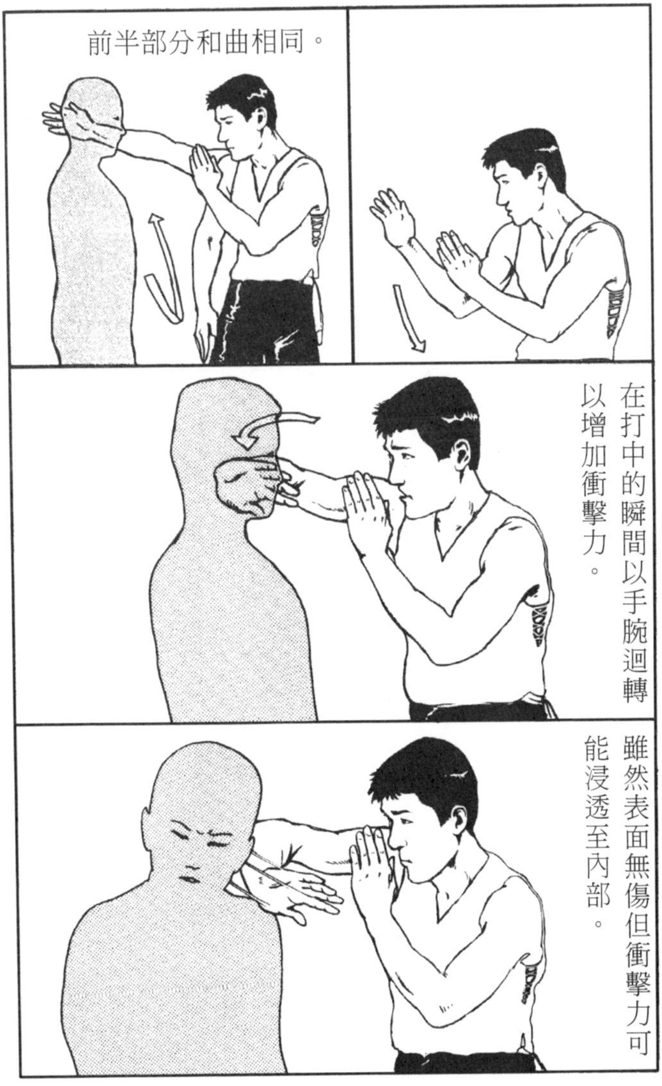
前半部分和曲相同。
在打中的瞬間以手腕迴轉以增加衝擊力。
雖然表面無傷但衝擊力可能浸透至內部。

• 變形曲（左）

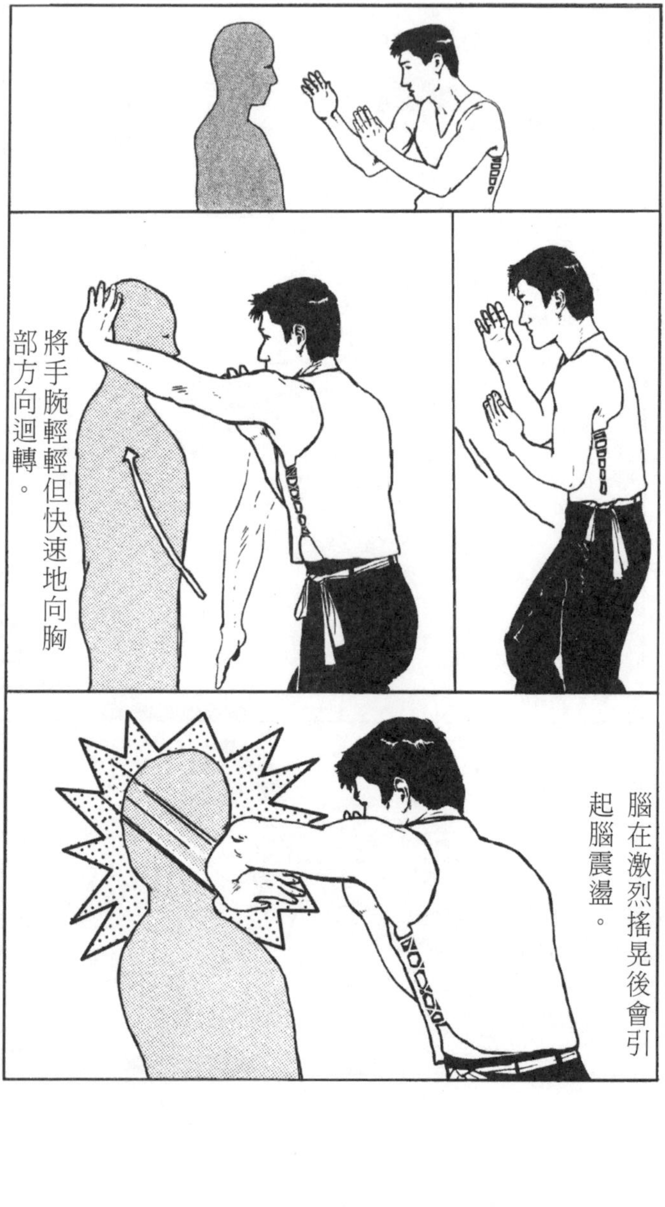
將手腕輕輕但快速地向胸部方向迴轉。
腦在激烈搖晃後會引起腦震盪。

刎

•藉由腕的上升而攻擊對方的陰部•

將腕部像下揮，然後像要舉起保齡球的球體一樣的感覺，攻擊對方的陰部，這個動作稱為「刎」。

在骨法中，攻擊陰部就稱為「下」或「下打」。這是一種奇招，若要讓對方喪失戰意，這是最佳方法。

但在骨法中，若非熟練，往往無法命中目標，而且，如果對方也是打算以這種招式攻擊自己時，也可能因為不熟悉而反受到對方的攻擊。

這也是需要平常多加演練，到真正對峙時才能派上用場。如果捨棄了這種人體要害的攻擊，而強調要贏得很乾淨的武道，那麼，在街上的打鬥或許就是那個滾在地上的人。

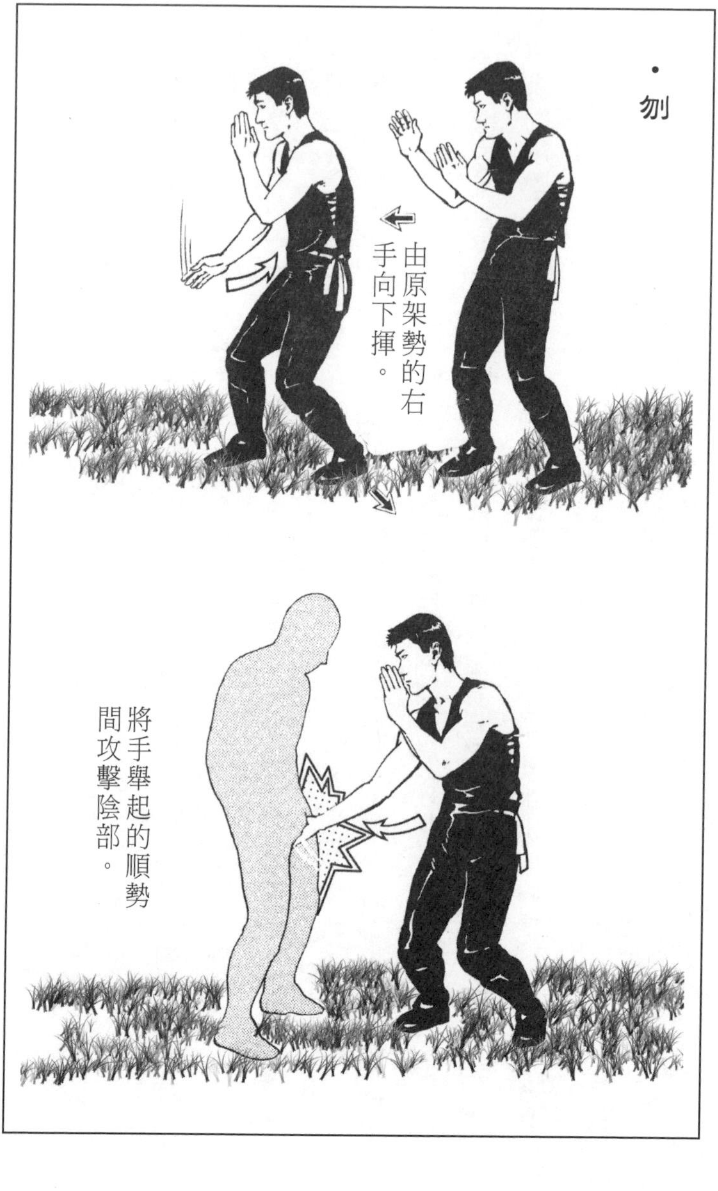
・刎
由原架勢的右手向下揮。
將手舉起的順勢間攻擊陰部。

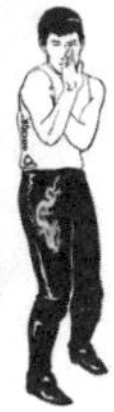

中・迴轉打

•使用頻率較少但有效•

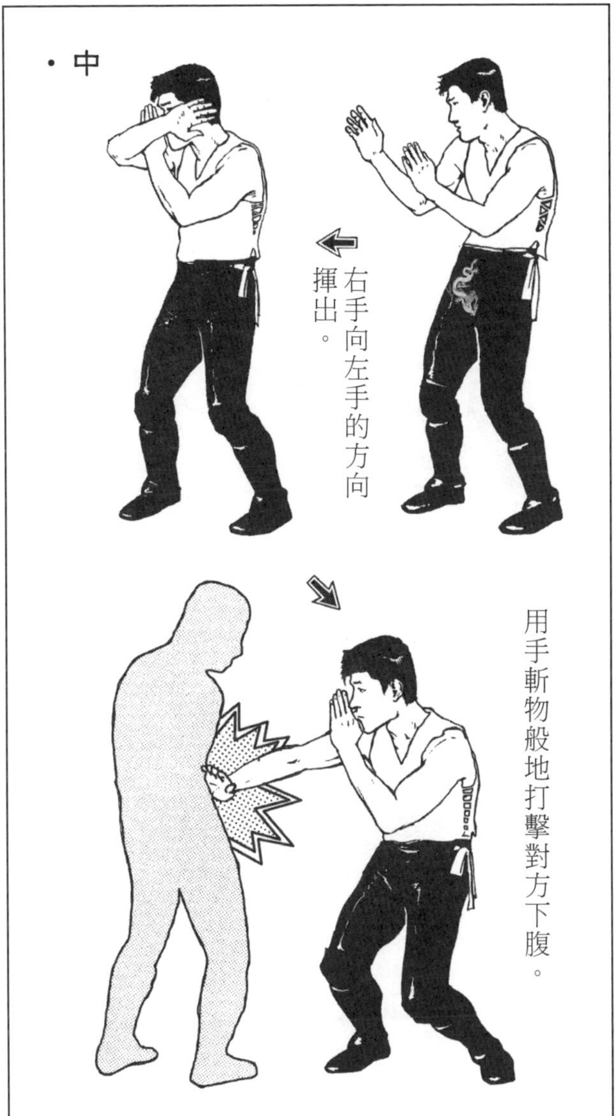
・中
右手向左手的方向揮出。
用手斬物般地打擊對方下腹。

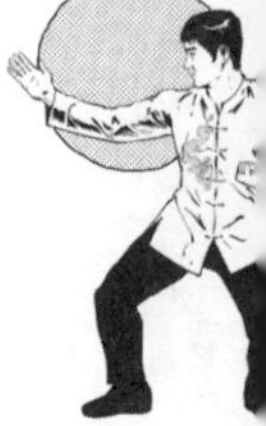

• 迴轉打

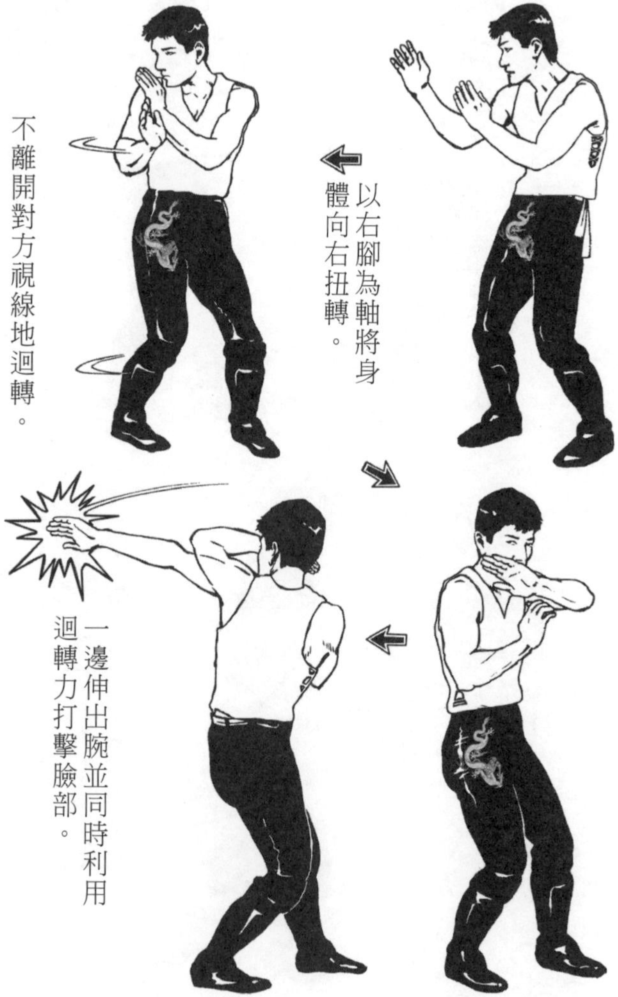
以右腳為軸將身體向右扭轉。
不離開對方視線地迴轉。
一邊伸出腕並同時利用迴轉力打擊臉部。

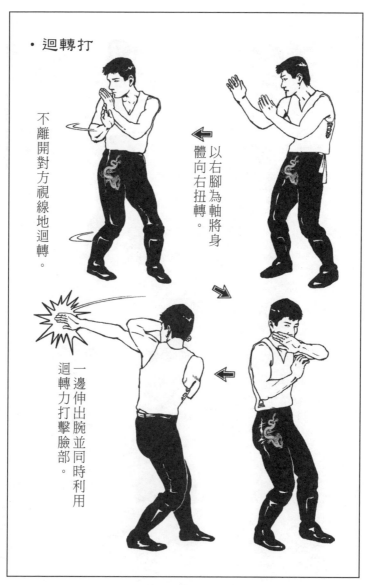

綜合招式組合

•掌打重視累積效果•

現在就介紹由骨法的「掌打」所衍生出來的組合式。雖說是招式的組合，但也並非全然不可變通而需要全部接受。

技法的組合，完全依個人自由，而且怎樣的組合有效，怎樣的組合無效，也都是因人而異的，因此，還是要憑各人的臨場經驗及對於個人能力的裁量，再加上無止境的創造力，這才是最重要的。

因此，由於自由地組合，故可以有無限種形式存在。此外，插圖除了就正面說明之外，側面也不遺漏。

以下就列舉幾種組合招式，希望能對各位有所助益。

①利用右方的「彈」，先牽制住對方，再慢慢轉為右方的「變形曲」，在恢復原姿勢時，從左方再做一個「曲」，並不要忽略了自己面部的保護與防衛。

②利用右方的「彈」及左手的「直」，將對方的注意力引向上方時，再以「刎」攻擊對方的陰部。這對於陰部經常忽略去防衛的人而言，更具效果。

③利用右手的「彈」與「直」連打對方臉部數次，使其記憶力停留在上方，而後趁勢以左手攻擊下腹。

④右方的「彈」與左方的「橫」並用，在對方不注意的瞬間，迴轉並攻擊其中段部分。用迴轉攻擊的動作去攻擊對方，如果實力相當，則較難應付，但如果對方已經頭昏眼花，那麼這樣的攻擊相當有效。

以上便是簡單地介紹四種組合式招法，要注意之處各種各樣，插圖或文中無法盡書，這還得靠各位的體會。

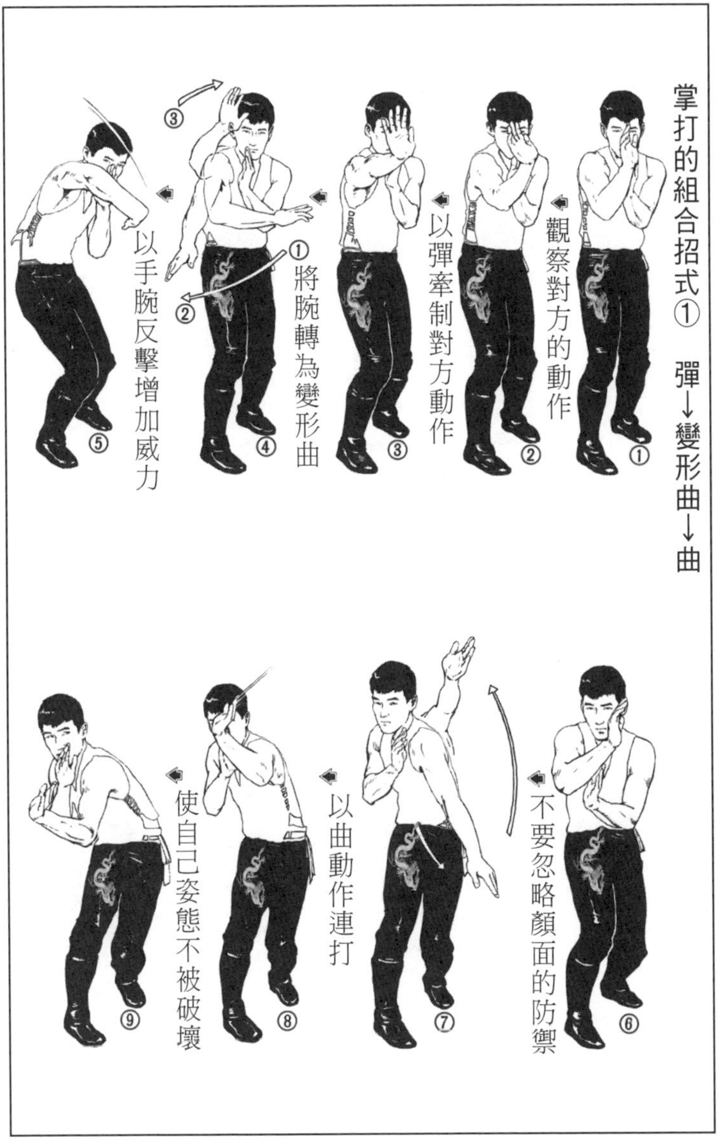
掌打的組合招式① 彈↓變形曲↓曲
①
觀察對方的動作
②
以彈牽制對方動作
③
①將腕轉為變形曲
②
③
④
以手腕反擊增加威力
⑤
不要忽略顏面的防禦
⑥
⑦
以曲動作連打
⑧
使自己姿態不被破壞
⑨

掌打的組合招式② 彈→直→刎

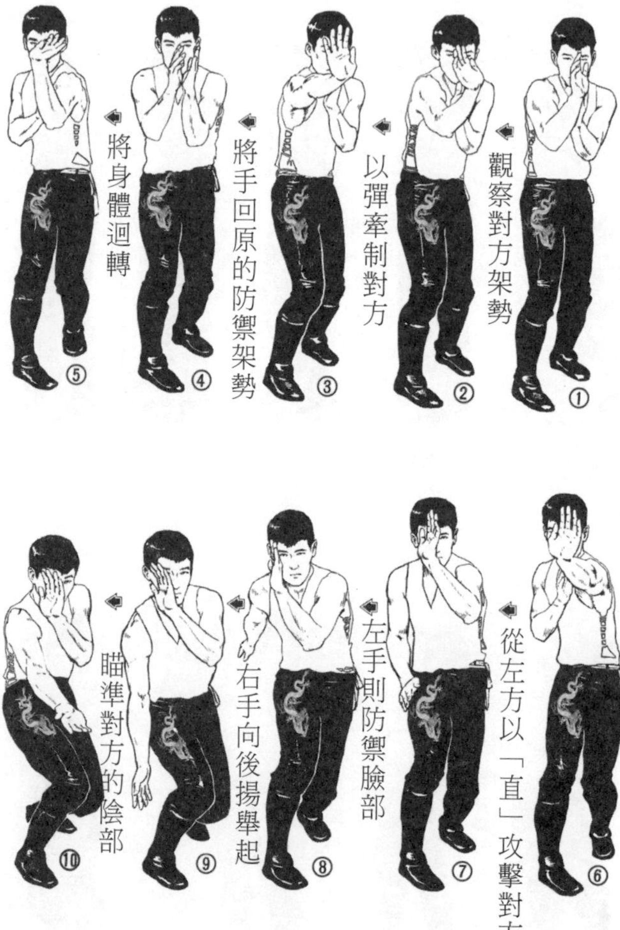
觀察對方架勢
以彈牽制對方
將手回原的防禦架勢
將身體迴轉
①
②
③
④
⑤
從左方以「直」攻擊對方臉部
左手則防禦臉部
右手向後揚舉起
瞄準對方的陰部
⑥
⑦
⑧
⑨
⑩

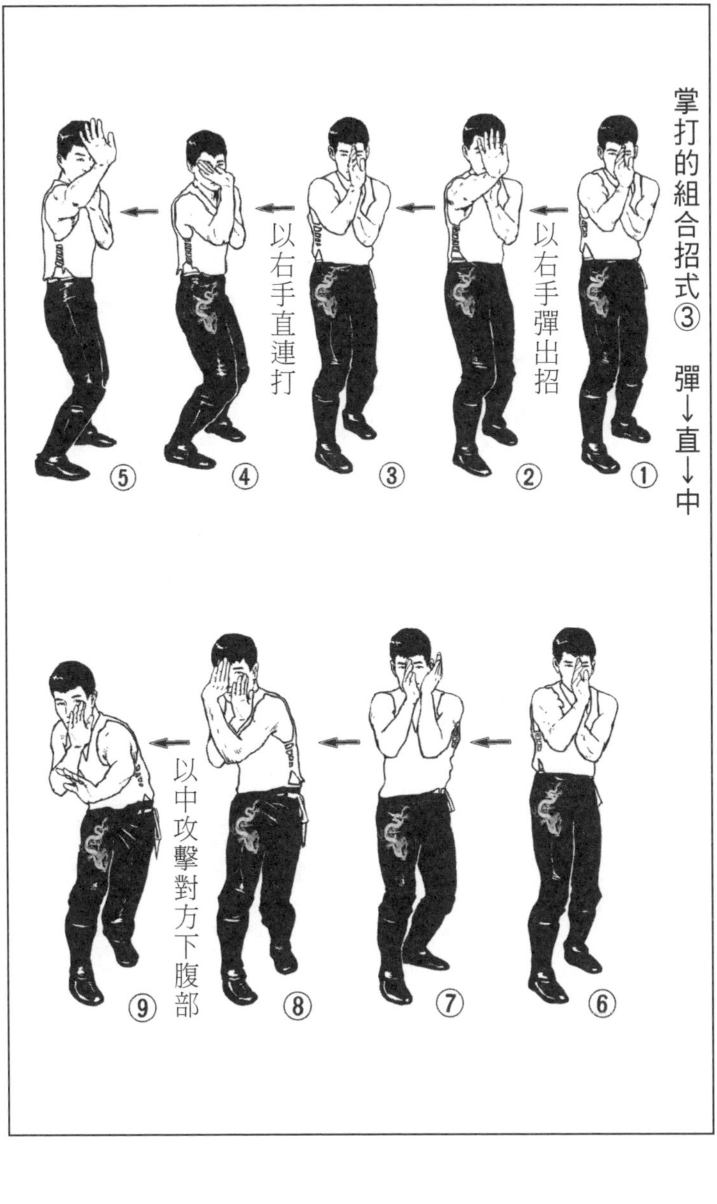
掌打的組合招式③ 彈↓直↓中
以右手彈出招
以右手直連打
以中攻擊對方下腹部
①
②
③
④
⑤
⑥
⑦
⑧
⑨

掌打的組合招式④ 彈→橫→迴轉打

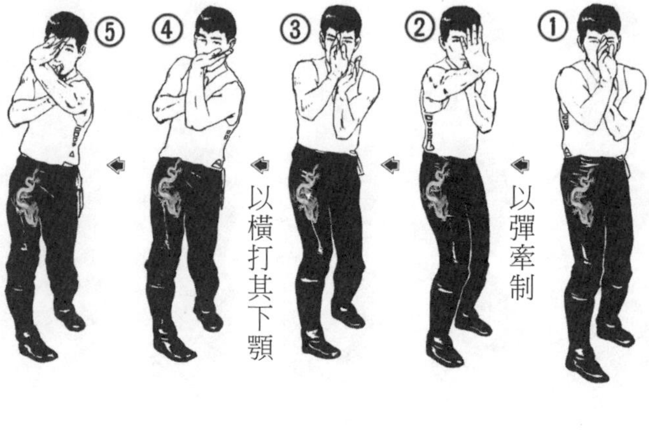

第四章 不動膝的踢——最短距離產生最大的威力

以膝為起點的踢所可能產生的「舞蹈」動作

脫離生活型態的踢不易命中

有一個朋友，由於工作的原因，在上海停留了一年，他利用那段時間學習了中國拳法中的八卦掌。這位朋友回日本的第一句話便是說：

「哎呀！真是奇怪啊，中國人運足的方式恰好和日本人相反。那裡都是要腳跟著地才能夠練武的，而我在練習之中，不知不覺地總是會用腳尖的部分去運足，這之間的差異真大！」

聽到這位朋友講的話，讓人想起已逝的民族學人。高取正男所寫的《日本的思考原型》中的一段話：

「如果當過軍人，或是中學以上受過軍事教育的人，或許都知道教官常會說『伸直腿窩（膝蓋後方的凹處）』這樣的話。而這樣類似踢正步的走法常常可在

電影中的德國納粹軍身上看得到。但是這樣的走路方法或許適合於在平坦的國土上，走著平坦道路的大陸民族，但就日本而言，走的是彎彎曲曲的小徑或起落的山道，終究是無法適合於這種走法。因為如果不以後方的腳在地面踢來推動全身的前進，並將身體向斜前方壓下的話，是無法走山中小路的。」

他對於大陸民族與日本人走路方式不同的原因，做了這樣的評析。

如果你試著站在一個歐美人及日本人後面觀察他們走路的方式，你將會有許多發現。日本人為了以膝為支點而走路，故膝的彎曲很明顯地可以看得到。相反地歐美人是以骨關節為支點，故膝部幾乎是不彎曲且腳跟著地的，腿的內側常不可能清楚看得見（**當然，如果是時裝模特兒，因有高額的收入，因而勉強改變步法的人就不在此限**）。

高取正男還說：

「以扁擔去扛東西的時候，為便於以後方的腳踢著地面來推動身體前進，通常會採取半身的架勢，這時若是以歐美人的走路方式來走的話，左腳、右手及右腳、左手交互地向前走路，必定會失去重心或是閃到腰等。而若右手是慣用手，

則用右肩挑，右腳一起和右手、右肩一起跨出。以半身為架勢、以右腰為基軸，右足和右肩為主導，右、左、右、左地走，則扁擔的頻率一致後，重心就可以穩定了。」

拿破崙有一句名言——要預測一個民族在戰爭中會採取怎樣的行動，就要從這個民族的日常行動模式細心地觀察，便有所得——

所謂日常行動的模式，不妨從這個民族的武術研究去著手。武術和一個民族的生活模式，可以說是密不可分的。就如在第二章提到的「摺足」這樣的步法，也可說是東方人平常走路方式的寫照。

有人說：「在練習時或許還能適應，但一遇到真正的狀況時，就容易忘記……」

這樣的告白實無可厚非，因為如果你在練習武術時，其步法是違反原本的生活模式及習慣的，那麼就算練習時表現得多好，在遇上了比賽或打鬥時，就不怎麼容易顯示出練習成果了。

總而言之，如果能夠將武術中的步法與日常生活中的「步行」結為一體，那

・歐美人的走路方法

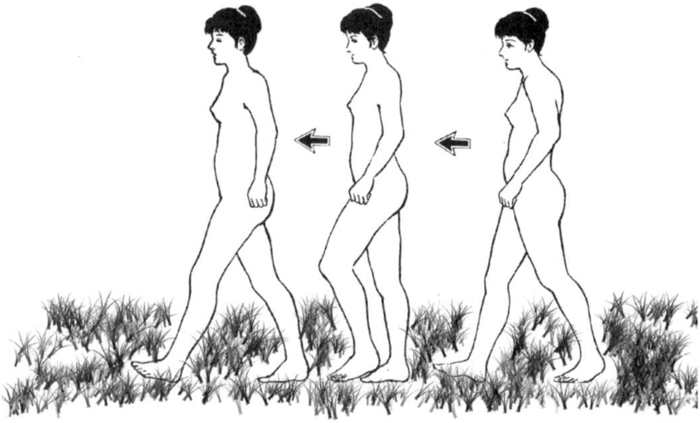

・日本人的走路方法

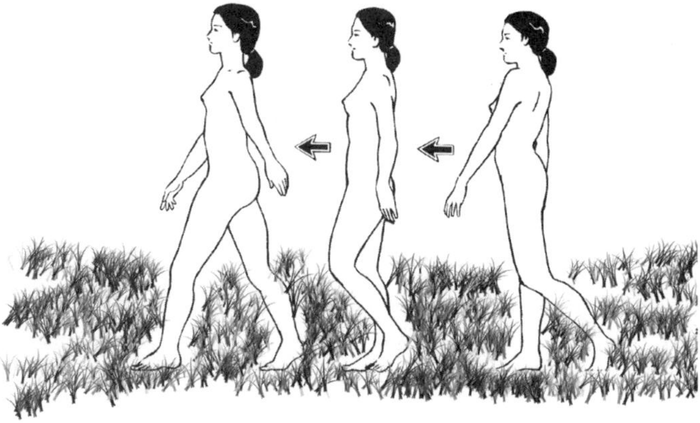

歐美人走路時以股關節為軸，看不見腳底。
日本人以膝為支點，所以腳底看得見。

麼合為一體的技能較能自然發揮。因為技巧和自然的身體行為是息息相關的。

傳承骨法的「不動膝的踢」

骨法的架勢中是以採右半身為原則的，除了在打鬥中，右半身的架勢較為有利外，它也和一般人生活中的根底有著密切的關係，國人無論在插秧、種田或收割時，都是先跨出右腳，伸出右手在工作的，因此這也可以說是一般傳統勞動的習慣架勢。

例如在練劍時，右手持劍，踏出右腳，其基本上還是以左腳來做支撐的。相撲比賽中亦可發現，以右腳為主左腳為輔，以左方為支撐，反彈而讓右方有突擊衝力。

在踢時，也和上述運動一樣，和傳統的勞動習慣有關。

以膝為支點，藉由膝的曲與直來步行，這是一般人步行的型態，也由此可證明膝的彈力。手的擺動亦是同樣的原理。

而骨法中的踢，是教授著「不動膝的踢出」這樣的觀念。說到這「不動膝」

其解釋方法很多，不妨解釋以膝為起點的踢。

如果就實際上的情況來看，這種以膝為起點的踢招式，可以發現它比股關節為起點的踢動作較小，且可以在不破壞架勢的情況下，發洩威力。而更有利的一點，是這種招式可以在最近的距離內使用，並可能如手出擊一樣地快速。而且藉由膝部急遽屈曲而能給予地面衝擊，再經由這衝擊的反作用效果伸出一踢。

也就是說，除了肌肉本身之外，還藉由「舞蹈」的動作，產生來自地面的反彈力。這不僅在骨法中是一種獨自的創意，也有其他如空手道、柔道選手加以取法應用。

或許有人會懷疑：「這樣的招式是否具衝擊力呢？」這點是不用擔心的。因為只要膝部屈曲並使腳底緊貼地上，那麼膝踏地而產生的反擊力，絕對可產生足夠的衝擊力，這也正是骨法當中，有關於踢的特長之一。即是，不怎麼用到足步的筋肉力量，反而較多偏勞於腰部的肌肉。

就如同骨法中的掌打是靠腕部的運力一樣，足部的踢出也要靠腰部肌肉的力量。

打棒球時，投手在投球時，若太依賴肩部的力量，所投出的球往往沒有想像中的遠，若能將力量分別有身體的全體來發揮，球速及威力必能大大地增加。因此，無論如何都要使自己的肌肉放鬆，不要太過緊張，將自己身體的重量，交由大地去承擔，這樣才能在身心上均獲得平穩感。

在踢腳時，就必須把背脊挺直，再配合以手的動作才可臻於完善。而如跆拳道的知識，將上身斜倒這樣的動作是值得鼓勵的。在骨法中，可能也有需將身體傾斜而動作的例外情況，但挺直背脊是一個大原則。

腳踢對方陰部是正統的技術

打架並無規則可循，並且幾乎所有的情況都有可能發生，地點也可能是在路上或是郊外，因此，踢這個動作也經常是穿著鞋子進行的。那麼，對於鞋子這種打架中「合法的武器」，就必要加以徹底研究。

但是，以鞋當武器的具體使用方法，只限傳於入門者，因為可說是相當的危險，故在本書當中也不宜全面公開。

一本空手道雜誌刊載了接近骨法踢的戰鬥思想文章，其中一段敘述道：「空手道的技法當中最為有效的是什麼呢？就是『踢擊陰部』。這在最新的雜誌中也寫道『若說到空手道的技法，那麼用於實戰中最不可或缺的就是敵方陰部的攻擊，但似乎是只有在空手道界中相當上階段的技術成熟者，才能成功地使用它。』確實在社會中，一般人的觀念認為攻擊陰部是一種卑怯的行為，在電視或電影中，也多限於惡劣的壞蛋在使用。

但若真正地在一般打鬥之中，只講求華麗而誇張的招式與步法，那麼將很有可能會被擊敗。

也有人說：『在道場中，若攻擊敵方陰部，則此人將會受人譏笑而遭到否定。（中略）但是戰鬥的原則就是要找尋敵方的弱點並加以攻擊，攻擊陰部可以列為正統而無誤的攻擊方式，不容恥笑。』

所以，對於攻擊敵方陰部的觀念已真正地改過，在各種比賽規定中，也漸漸地不被禁止。一言以蔽之，攻擊陰部實在是一個擊敗對方的絕佳方法。

專家亦說：『人的天性中，原本就會有保護生殖器官的本能，在受到攻擊或

覺得危險時，便會本能地躬起背以手遮蔽保護。（中略），因此要練成功這樣的招式，就必須要勤加練習。』

另外，有一位武術老師在雜誌中也寫道：『如果要讓攻擊陰部更為有效，以膝蓋去面對較能掌握技巧』因此，若改前踢的方式為膝踢，那麼比較能夠達到目的，並可較占優勢。……」

在引用的部分之中，已清楚地將「惡棍壞蛋所使用的攻擊，攻其不備，擁有武器，攻擊要害」等大眾意識闡明，而且我們也知道，這並非只是學武者才要學習的，一般民眾也該具備這樣的意識。

「攻其不備」由於關係到勝負且為重要的因素，所以在此提出來稍加解釋。在攻擊時，不要怯懦。而一般熟練的格鬥家所首先想到的是速度、力量與時間及個人的判斷力和全知全能的總動員。

例如，可以讓對方看起來像是要攻擊其身體，最後冷不防地擊其臉部，或是眼睛看著右邊，最後是以左邊為攻擊目標。這就可謂攻其不備。

這是每一個拳擊手或格鬥家所當然要學會的攻擊方法。相反地，如果無法習得，那麼就較難以成功。

或許在傳統的空手道技法中，這樣的攻擊顯得不夠光明磊落而缺乏男性的魄力，但我們要追求的是在實際戰鬥中，能夠克敵制勝、保護自己，而不只是在比賽中能夠獲勝就夠了，因此，這樣的「攻其不備」方法，應該熟練。且應當作一門技術而給予正面的評價。

雖然不華麗卻有效的下段回踢

我們來談一談有關於武器的問題。在社會中，無故攜帶槍械是法律所禁止的，且必須要受到責罰。

我們經常可在人們手上發現戴著鑲有寶石的戒指，這固然是用來裝飾的，但在必要緊急時，也可成為一種有作用且合法的「武器」。

如果各位目睹過街上的打鬥，可以發現在準備打鬥時，會摘掉眼鏡，但卻很少人摘掉手上的戒指。那麼，不如將這些戴於手上的戒指做一些巧妙地應用，並當作一種撲殺的工具。

大多數人或許都過著老實而平靜的生活，但也不能全然地說不會有任何的意外災害，所以，我們要捨棄「使用武器就是卑怯」的觀念。因為如果對方拿的是利刃或其他武器，而自己徒手以對，那麼要面臨的就是最殘酷的現實了。

因此，如果能夠掌握任何可以當作武器的東西，就可以多一分自保。如前所述用鞋子、攻擊敵方陰部等方法，在求自保之際，就不折不扣地成為「正當的技術」了。

更何況，在打鬥之中，根本沒有所謂的「正當」或是「不正當」差別。因為在關係自身存亡之際，善惡之所謂倫理感，和技術上的應用是完全無關的。而要能夠真正地運用這些小竅門，那就要靠平日技術的磨練了。

在骨法的觀念中，一般所練習的基本中心就是以踢為課題。而其目標，當然要命中目標，或是要害，只要能擊中對方的要害及弱點，就算是魁梧大漢也會倒下。

就男性的要害部分而言，陰部並非大得像排球，更加上身體快速移動時，更

是難以命中。但若是能掌握骨法中的攻擊法，那麼，便可以說可增加對於要害的命中率。

其原因在於骨法的「踢是以膝為起點的」，不需要太多的準備動作，且可在最短時間內，最短距離內發出攻擊。

骨法中的推踢、推返踢、踏踢、逆踢等基本上的踢，也多半創始於不動膝的原則，而基本的原則都是針對能夠更準確地攻擊對方的陰部及要害。

再引一段空手道雜誌中的敘述：

「下段回踢在許多空手道流派當中頗受歡迎，其威力更是超乎想像。若用此種踢法去攻擊對方小腿，那麼很少不因而發生骨折的，但由於在規定上一直無法清楚而明白的確立，故也就是遲遲無法被公眾認定的原因。

事實上，在美國的空手道比賽中，這種姿勢也是被採用的。或許有些人覺得奇怪，為什麼在美國這樣注重空手道的比賽國家中，也會遭禁止。

這是因為華麗而講究的招式能在比賽的大會中，獲得較高的評價，而對於這種毫不起眼的招術，並不怎麼放在眼裡，且在結果分曉時，也完全不能得到好的

評價。

因此，在雜誌上刊載著『並非華麗，但卻有用的下段回踢』，並以之為題，作了一篇對此種招式重新評估。本文引述如下：

『就算是再有經驗的格鬥者，對於腳部的攻擊也都無法完全預防（中略），而特別是在路街上的打鬥常用的下段回踢最具效果』。

因此，列舉了關於下段回踢的五點好處：

①可以有效地瓦解崩壞對方所擺出的架勢。

②可造成對方用為根基的腳部疼痛或受傷。

③在真正的打鬥中，腳部除了褲子之外，別無保護。

④用腳去踢敵方，對於一個不怎麼熟練者而言較為容易。

⑤臉部、腹部之外，腳部的攻擊也可當作分散的方式之一。

經過上述的分析可以發現，如雜誌上所說的『下段回踢是古來的傳統招式，對於追求一擊必殺的道家而言，或許是邪門歪道。但就一般人的防衛而言，卻應對其有重新的認識，才是正確的觀念』。

這文中所述的，則是意味著下段回踢這種空手道技術，應該獲得大家的重新認識並採信。」

以上的這個報告，就是告訴各位攻擊敵方腳部較容易的理由，而我們不妨認為這種技法值得主張的理由有四：

①人類的視野是左右較寬廣，但上下卻狹窄。

②打鬥中的人類是呈現興奮狀態的。

這點必須要稍加說明。這是從反面的角度來看的。興奮的狀態則視野將變小許多，特別是上下視野，更是變得狹窄，這在生理學上可得到證明。

因為人在興奮的狀態下，人的意識中只會將腳往前移，其戰鬥意識接近於無法控制的地步。於是，就更不用說要在打鬥中，還能遵循那些空手道或是劍道比賽中的原則了。如果打鬥經驗較豐富的人可知道，其實相撲就是一種將打鬥競賽化的運動。

③除了視野與精神的安定度有關之外，距離亦有密切關係。

・手合的視野

・離合的視野

手合轉易形成死角，故對於較慣於打鬥者而言有利。

這是當然的事情，因為視野會隨著距離的縮短而減少。一般的距離可以看得到對方的胸部以上，但若是在更亢奮的狀態，那麼可能只能看得見對方的臉。

然而，視野這種東西，是經訓練才有的，絕非與生俱來的，因此一個技術較純熟的格鬥者，其視野就會比別人寬很多，也因此對於一般人而言，充其量也只能看得到手可以打得到的距離，而膝部以下可完全說是死角。

④在自己攻擊敵方時或受敵方攻擊時，腕便形成了一種遮蔽物，而腕部以下便形成了死角。

事實上，這些才是下段回踢較容易佔優勢的理由。

針對踢的招式組合是今後研究的課題

現在的拳擊之中，對於踢的專門研究，似乎遠少於對於顏面的攻擊。而在攻擊顏面時，還要配合著跳、撞、推等複合動作，而以腳踢對方的攻擊，也同樣地需要有組合才能發揮效果。也正如同掌或拳均有一套專門的研究一樣，對於踢的各式組合也應該系統化。

此外，如果能像拳擊中的招式有一、二、三這種步驟連續地出擊，必能封鎖住對方的最後反擊。

在真正的街頭打鬥中，摔倒即意味著敗北。因為在對方的一個重拳之下跌倒，頭碰到的水泥或石子地，其傷害可想而知，若非頭的背部著地，更是讓敵方有更多可以痛打的機會，常常因為一摔跤而導致死亡的事件亦不少。

在許多踢的功夫中，下段回踢要比前踢有用，對於敵方的膝、腳及陰部的威脅也較大，因為它可在最短的直線距離內攻擊對方。

在骨法中，對於足及陰部的攻擊以「推踢」最具效果。

單就對於腳的傷害，除了可傷其表皮外，也可像柔道當中的某種招式一樣，把對方一踢而全身跌地。而且這種踢法不僅可踢得痛，亦可藉由鞋子的外緣攻擊對方的陰部。

另一種關於此招式的稱為「推返踢」。

除此之外，尚有「逆踢」、「踏踢」等等，也都是針對陰部的攻擊。攻擊腳部專用的，還有「摺踢」及「拂踢」。

骨法便將這許多下段回踢，及這些踢法，再綜合一部分的拳擊創新了許多招式，在配合臉部攻擊的同時，也可對於腳部產生更嚴密的追擊。

具體來說，首先是對臉和腳這人體的兩端作攻擊，然後在對方的架勢瓦解之後，便可針對人體的要害中心（下腹部、陰部）進行攻擊，配合著掌與踢而達到制伏敵人的目的。

但就如前文所述的，要命中陰部，並不如想像中容易的，因此對於敵方足部的攻擊可用以補充不足。

說得更清楚一點，由於人類對於自身的生殖器官都有保衛的本能，故想要一踢而中是難上加難，其實力的好壞亦有天壤之別。

人類在被攻擊陰部時，就如異物接近眼睛時會本能地閉起來一般，所以，要突破這種本能的防衛，那當然是難上加難。

總而言之，若能以骨法為基礎的思想，分為臍上與臍下兩部分，分別以腕、掌或肘以及腳的力量加以攻擊，那麼在真實的打鬥之中，勝負自可分曉。

推踢

•以膝為起點並敏銳地向前踢出•

以膝為起點直接向前踢出，稱為「推踢」。除了例外的情況之外，通常是使用於中段及下段，上段較少使用此招式，可牽制對方的行動。此外，可因攻擊對方的膝部使其失去平衡後跌倒，或是使其關節斷裂。

這也是利用舞蹈足的方式，藉由來自地面的反作用力所產生的動作。只是，還可在踢的同時，也吸收其反彈力，作為再出擊的動力。而在骨法的踢功夫中，將軸足沉入是其關鍵。

此外，從下段至中段的踢出，可採組合式的連續動作。左足的出擊則如插圖所示，最常使用於中段，下段的使用次數則無中段的頻繁。

・推踢 (右) 下段・中段

推踢是以膝為起點，又以膝的踢出高度之不同分為中段與下段。

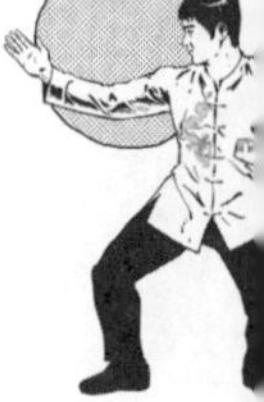

・推踢（左）

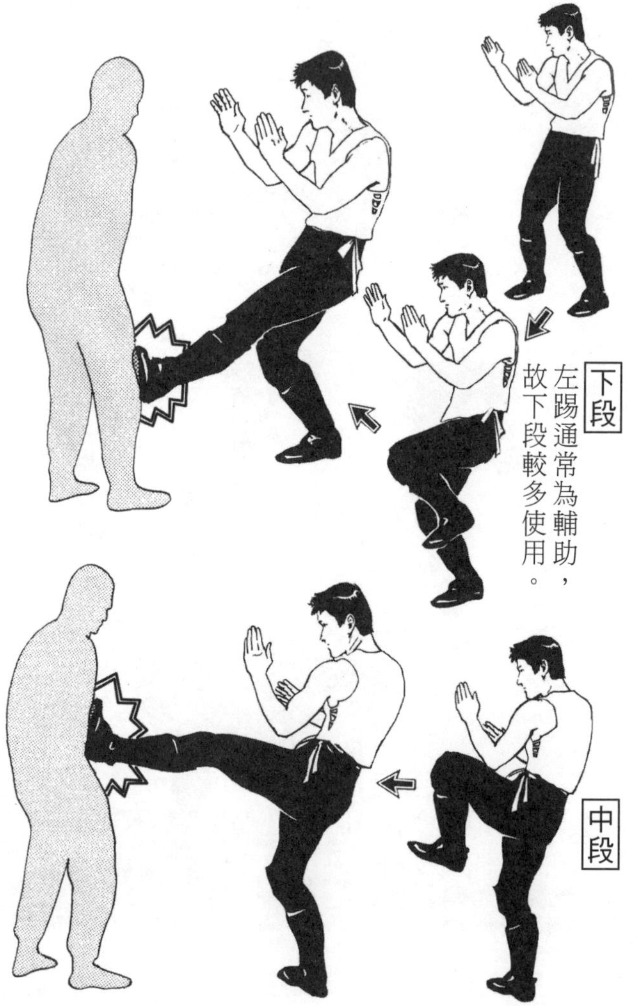
下段
左踢通常為輔助，故下段較多使用。
中段

推返踢

●在接近戰中最具威力的一踢●

在膝踢出之後，從那裡畫一個半圓，叫做「推返踢」。這和空手道中的回踢類似，但本質完全不同。

空手道是以股關節為起點，而非膝關節，且是向外側畫一個大圓後踢出的。但是，骨法的精神在前文已說過，就是向來都是以膝為起點來踢擊的，這在接近戰（交鋒戰）之中，較可能顯示出其攻擊的威力。

「距離這麼近，這到底能不能發出具有威力的攻擊呢？」

這樣的疑問或許各位也有。但是，要說明的一點是，距離並非求之於外，而是應來至於自己的身體。如「舞」或「蹈」等動作，皆可說是踢的基本動作，且合為一體的。

像其他空手道的技巧，均是利用離心力或長距離才能產生踢的破壞力，當然沒有辦法在短距離內也能很快地出擊，而像回踢這樣的具威力。其間的差異，希望各位都能夠理解。

・推返踢（右）

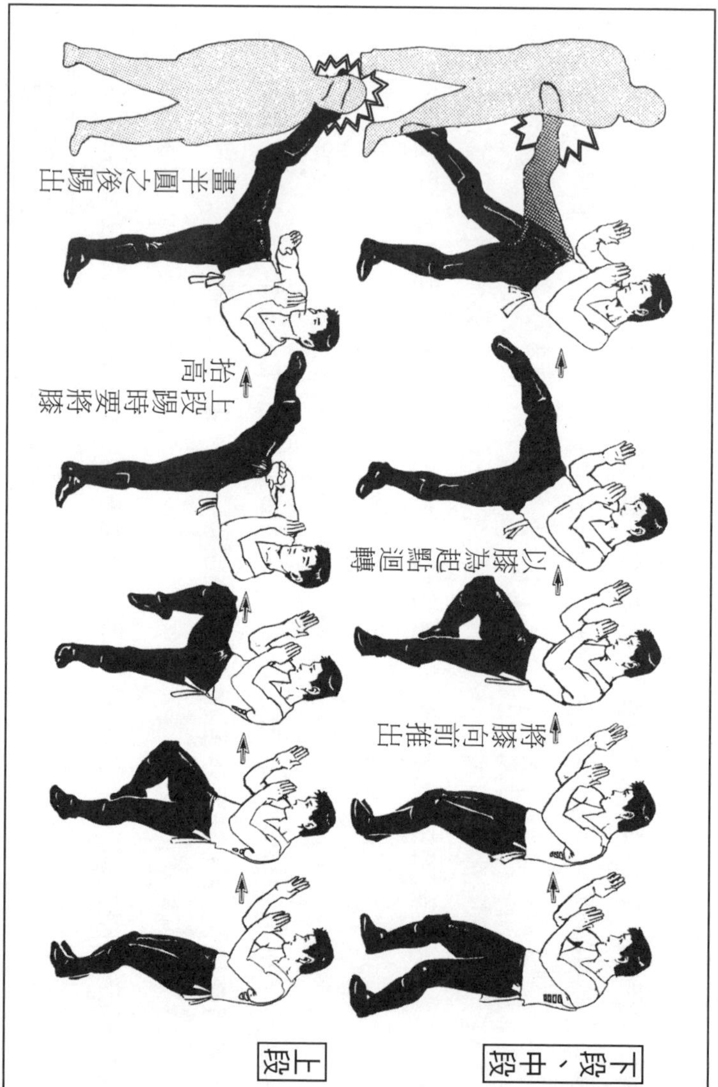
下段、中段
將膝向前推出
以膝為起點迴轉
上段
抬高上段踢時要將膝
畫半圓之後踢出

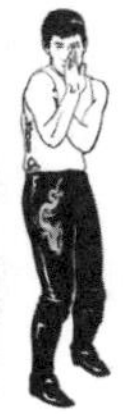

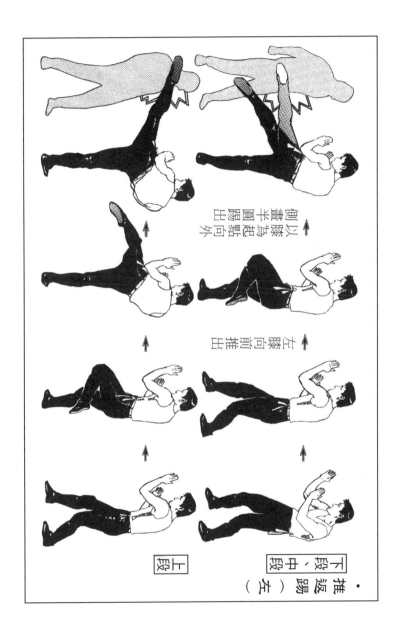

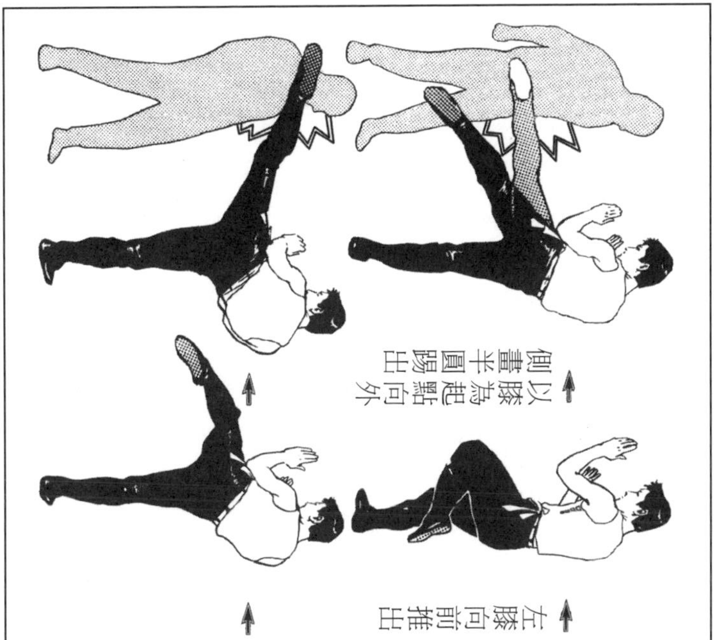
・推返踢（左）
下段、中段
上段
左膝向前推出
以膝為起點向外側畫半圓踢出

踏踢

•以腳跟側面橫踢下段•

和推踢類似，但是以腳跟側面踢出的稱為「踏踢」。中段也使用，但主要是下段的膝、小腿，足腕為攻擊目標。

此外，在對方要前進時，也可用於阻止。若是採組合招式會更有效果，從推踢到踏踢的連合，可說是非常具有速度感的攻擊。這些都是要靠「不動膝的踢」的習得，才有可能達成這些動作。

以膝為起點的踢，可說是骨法中獨創的技術，也是將踢的觀念為之一變的方法論。

能和手一樣地活動自如的膝部以下的運動，可說是格鬥技的課題之一。而這種踏踢的威力，在穿著鞋子時更能發揮。以腳跟的部分踢擊對方，可說是一種頗具威力的功夫。

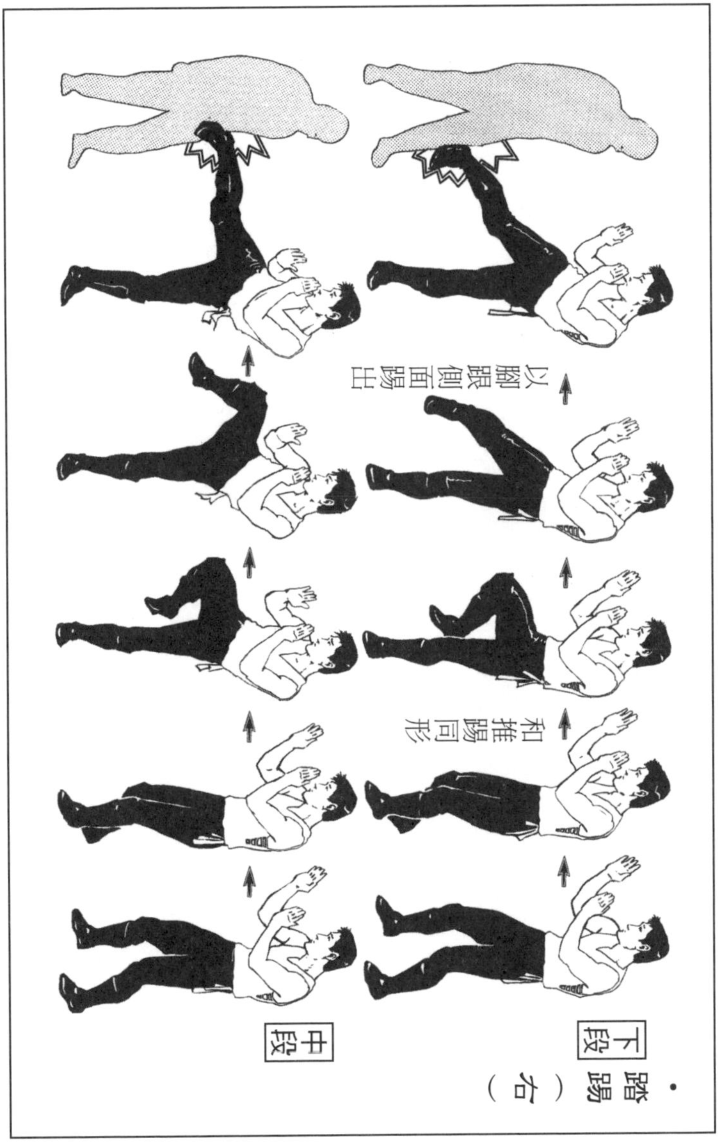

・踏踢（右）
下段
中段
和推踢同形
以腳跟側面踢出

逆踢

•攻防一體的退擊踢•

將身體左扭（右腳為慣用腳時），面對對方的背後，然後再踢其中段或下段，這種招式稱為「逆踢」。

逆踢在自己上身被攻擊時很有效果。除了變換攻擊姿勢外，也可藉由身體的迴轉達到攻防一體的目的。

經常有的是身體下段的攻擊，容易使對方跌倒而重重地摔在水泥或石子地面上。此外，如果能和推踢等招式並用，更能給予對方致命的傷害。

但需注意的是，在後繼足及後方換足還未熟練就練習此步法，稍嫌本末倒置。這不僅是轉身踢人的有利於自己的踢之姿勢，而且可從敵人的背面攻擊，這點更可多加利用。

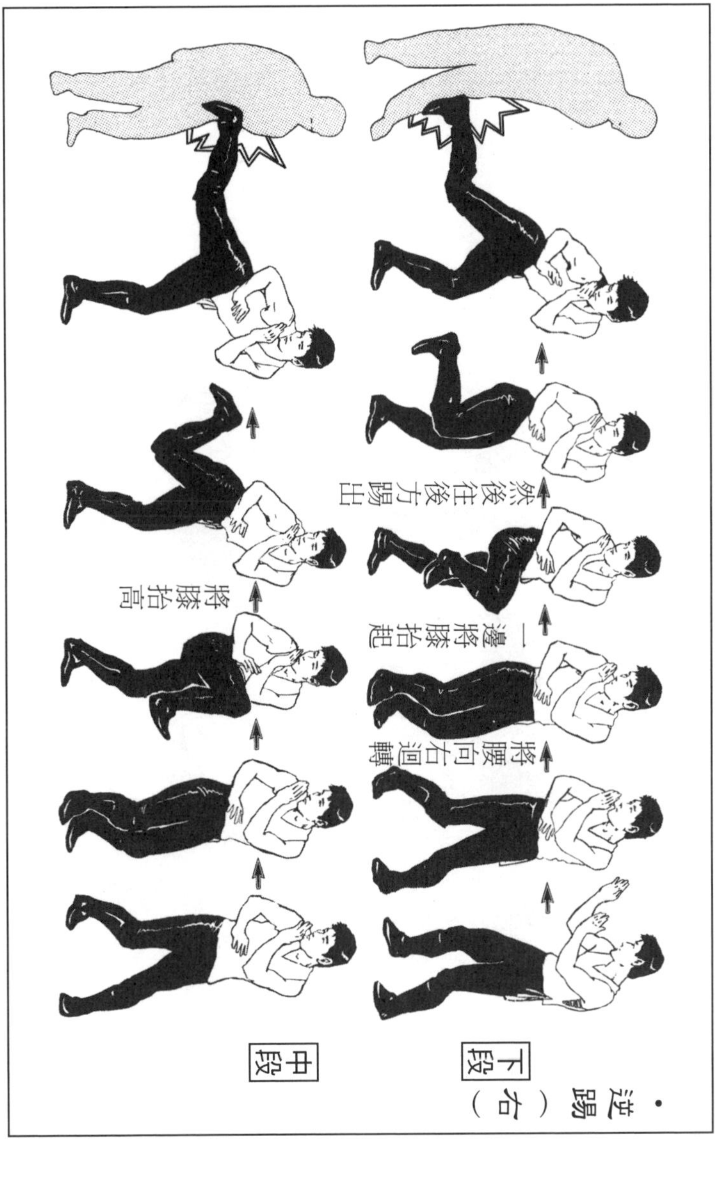
・逆踢（右）
下段
中段
將腰向右迴轉
一邊將膝抬起
然後往後方踢出
將膝抬高

・逆踢（左）

逆回踢・龍捲踢

「逆回踢」是在三十公分左右的最近距離中，給予對方致命傷害的一種技術。在自己上半身受到攻擊時，一邊將身體迴轉，一邊將手扶在地上以維持重心平衡，再側過頭來瞄準目標後向上一踢。

而當手放在地上時，腳就要高高抬起並同時瞄準目標而後攻擊，要避免來自最近距離的攻擊。通常所攻擊的部分為對方上段要害，即是頭部。

「龍捲踢」是逆回踢的應用。以右手為重心，將全身體重放在右手後踏起高踢是其特徵。

在比賽中較少看到這樣的動作，由於這動作準備動作較大，多半用於豁出去了的時候更為有效。當然，如果要讓對方倒地也可用這種方式，但沒有逆回踢那麼攻其不備。

• 逆回踢

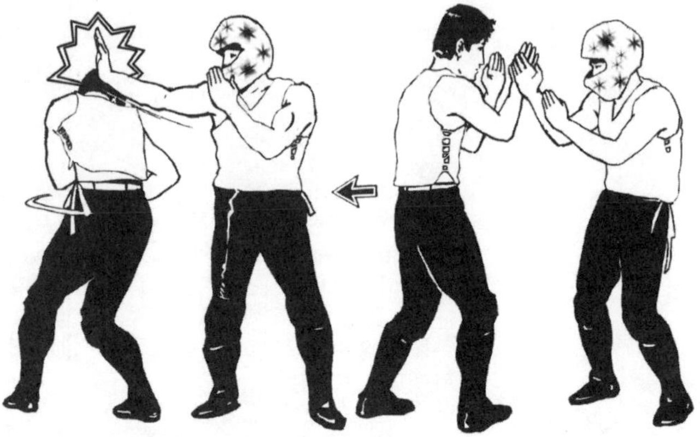

以右足為軸迴轉

在對方攻擊自己上身之前迴轉

將手及於地面以腳跟踢高

・龍捲踢

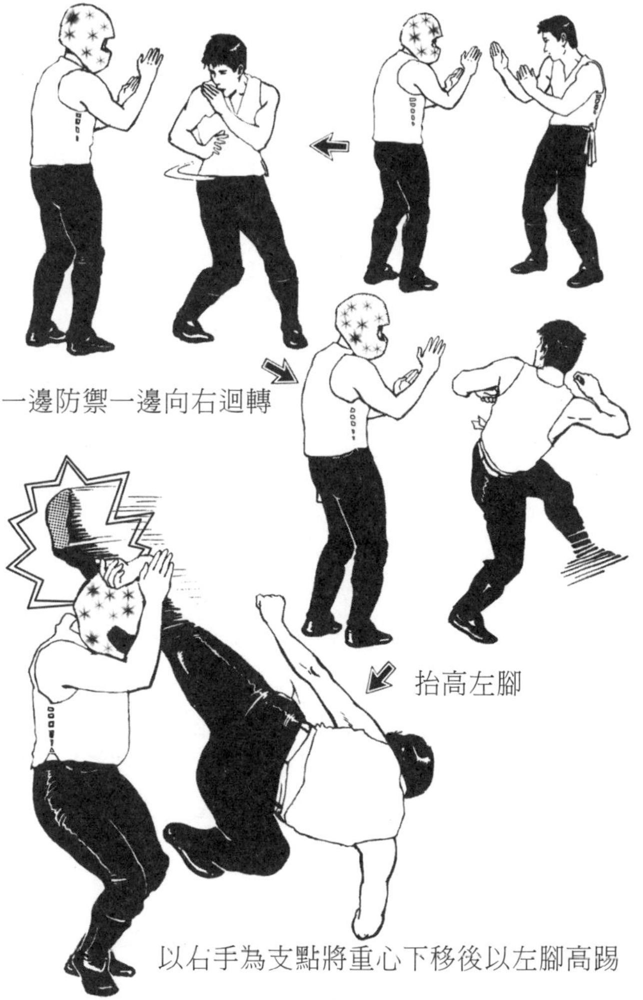
一邊防禦一邊向右迴轉
抬高左腳
以右手為支點將重心下移後以左腳高踢

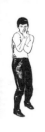

摺踢

•將身體藏低消失在對方的視野後一踢•

「摺踢」在打鬥中，對於持有武器的敵方更應以此招式來提防。

在對方要攻擊或砍下的一瞬間，將身體壓低並以手著地，以低的姿勢踢對方的腳。既可防禦，又可造成對方的死角。

不只是可使敵方倒地，還有可能折斷其膝關節，這是一種具危險性的技術。

當然，如果使用組合招式，那會更加有效。

例如，以掌打將對方的注意力引到上方，再利用對方反擊之際，做一個摺踢，這樣的效果更大。

• 摺踢

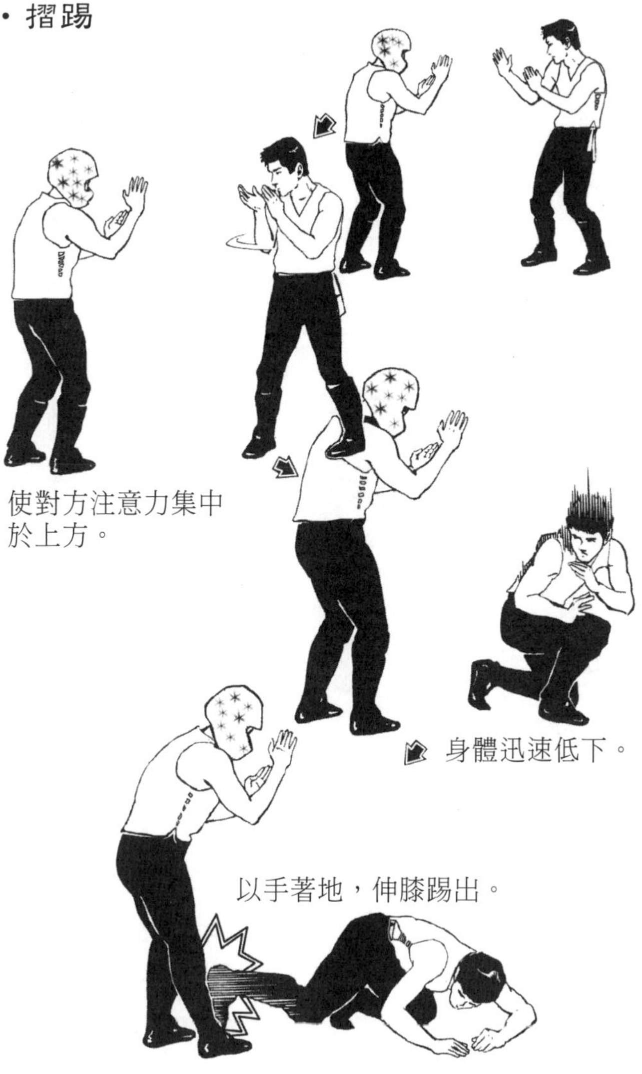
使對方注意力集中
於上方。
身體迅速低下。
以手著地，伸膝踢出。

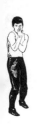

拂踢・浴踢・迴轉袈裟踢

「拂踢」是在對方正要採取攻擊時的一瞬間，將身體蹲下並邊以單腳為軸作旋轉，藉此拂踢對方的腳。特別是讓對方倒下在水泥地面上，那更可為自己免去許多麻煩。

「浴踢」是指對方在踢自己的上段時，以手防禦後將身體迴轉，手按於地面上給對方從腦頂的一擊。

如果身穿硬鞋的話，那更是對方的致命一擊。

「迴轉袈裟踢」是在身體迴轉時，腳敏捷地向上舉，然後如日本刀砍人的威力一般，瞄對方的頸或鎖骨猛力踢下。

在鎖骨周圍無較厚的肉層保護，故容易折到，而當鎖骨折斷時，對方便無法再使用腕的力量，而此時當然可掌握機會加以追擊。

・拂踢

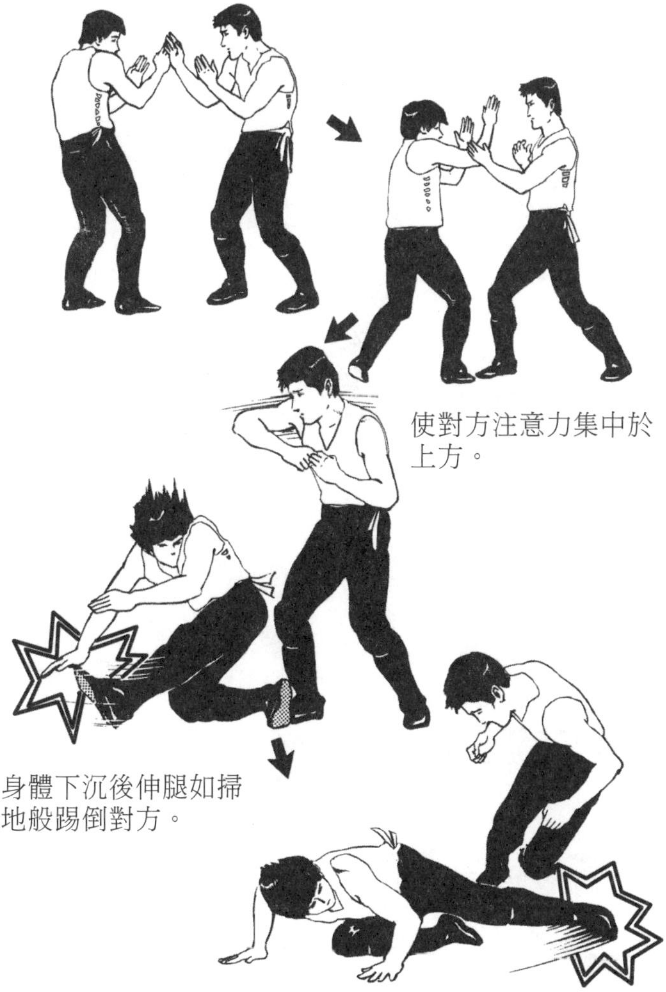
使對方注意力集中於上方。
身體下沉後伸腿如掃地般踢倒對方。

• 浴踢
將右手及於地面以便迴轉。
在舉起腳之前以背著地。
以腳跟給予腦上重擊。

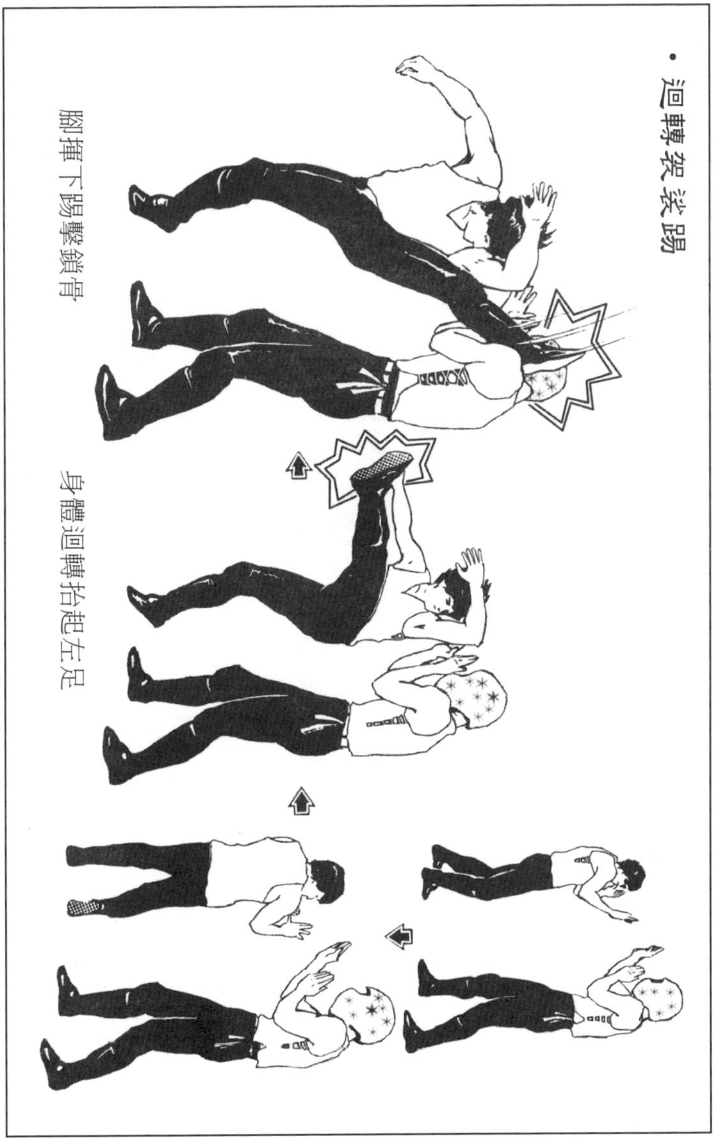
• 迴轉袈裟踢
腳揮下踢擊鎖骨
身體迴轉抬起左足

失腳踢・反擊技・踢擊陰部

如拳擊中的連拳一樣，骨法中也有連踢的招式。

現在就連續介紹能讓對方跌倒的「失腳踢」，轉被攻擊為主動攻擊的「反擊踢」，及一發命中就可決勝負的「踢擊陰部」三種招式。

・失腳踢

所謂「失腳踢」，就是讓對方能摔倒於硬石板或水泥地面上的招式，這時，比起用手打擊對方還要有數倍的效用。

首先，是用右方的推踢，踢打對方的下段，等敵方的架勢被破壞後，再以左方推返踢使其跌倒。

慣用左手或左腳的人，亦是同樣的道理。

這時的目的並非要對方感到疼痛，而是要用踢的力量讓對方倒下。

・反擊技

「反擊技」是針對敵方中段以推返踢出擊，並以肘為防衛。

在對方的腳著地的瞬間，給一個右方的推踢。在對方架勢遭破壞後，再以踏踢給予敵方中段猛力一踢。

・踢擊陰部

「踢擊陰部」，以右方的下段推返踢，讓對方的腳張開，之後便以膝為起點的推踢命中陰部。

如插圖所示的，另外一個方向亦是相同道理。這種命中陰部的動作前面已說過，並非容易之事，故也不要抱著一擊必殺的幻想而疏於練習。

以上所有要保持的，就是熟練與快速。

・失腳踢①

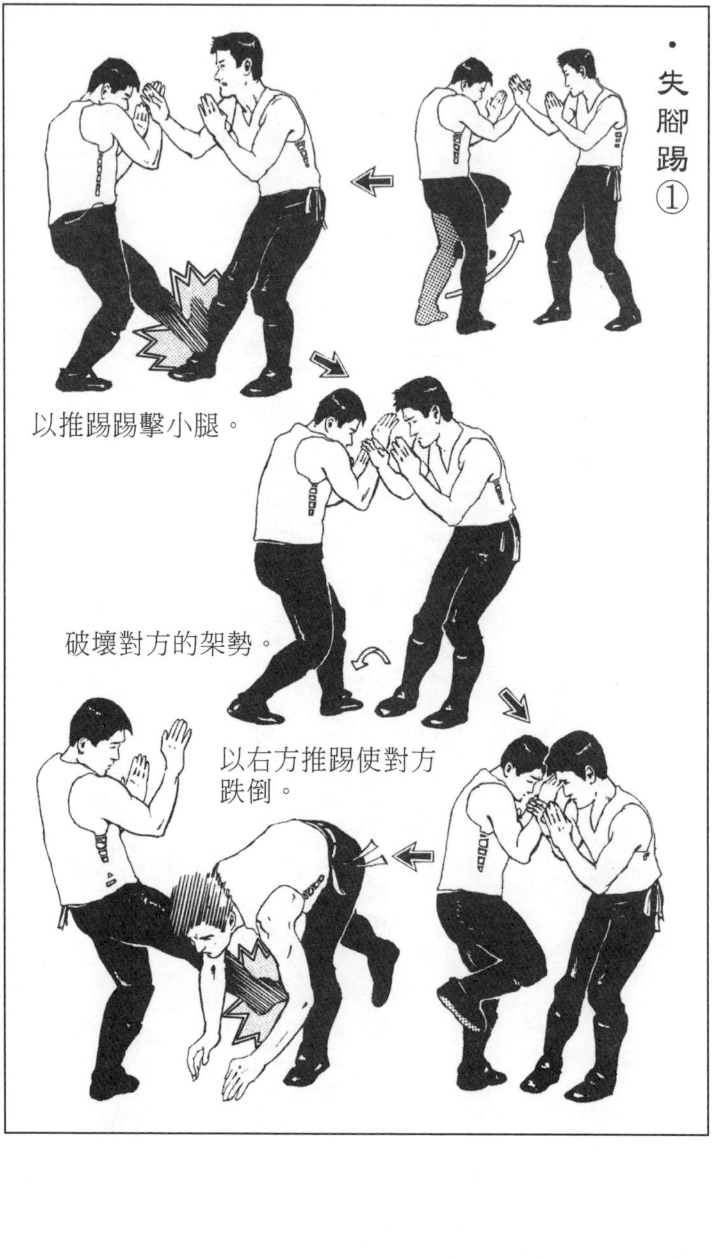
以推踢踢擊小腿。
破壞對方的架勢。
以右方推踢使對方
跌倒。

・失腳踢②

以右方推踢破壞對方架勢。

再以左方推踢讓對方跌倒。

・反擊技

①以肘還擊對方的推返踢。

②變為攻擊姿勢。

③由右方的推踢打擊膝部。

④破壞其姿勢後以右方踏踢踢其中段。

・踢擊陰部①

以左推踢使對方膝張開。

以突返踢踢擊對方陰部。

・踢擊陰部②

以下段的推返踢讓對方腳張開。

不要將腳放下就直接以膝為起點，以推踢招式踢擊陰部。

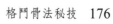

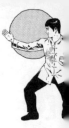

第五章 防 禦——攻防一體化的「掌握」技法

「掌握」是最終的戰鬥技術

骨法中的「手合」是什麼

現在的運動或格鬥技術中，守要比攻來得更被看重。換句話說，受到對方一拳兩拳的攻擊是難免的，但是，更重要的還是讓自己少受點損害，而給對方多一點傷害。

這樣的觀念最常見的，是在拳擊賽中。在拳擊中，雖有「連打」、「連踢」的概念，但卻沒有「一擊必殺」的想法。

相對於此的，骨法中的觀念是在追求勝利時，不要對自己造成太多的傷害，如果說勝是勝了，但卻失去了一隻眼睛，一條胳膊，甚至連命都丟了的話，那實在不值得。

所以，無論如何總是要抱著「勝利沒有不敗重要」這樣的大原則，才是真正

的贏家。

究竟要怎樣做才對呢？那就是「手合距離」。

所謂手合距離就是手與手之間，可以碰觸在一起的距離。太遠或太近都不合於骨法中的精神。

柔道的距離可說是「密合」，而拳擊或空手道可說是「離合」，因此，這個距離便是介於此二者之間。

「手合距離」是最有利於交戰的距離

姑且不論西洋的東西，只就歷史上至今既成的格鬥技術來說，交戰雙方的距離都是以一方為前提而另一方控制其遠近的。

而「手合距離」，不會像柔道的距離太近，以致於無法出掌，也不會像拳擊或空手道的距離太遠，而不易投擧，因此，這樣的「手合」距離，使得許多既成的格鬥技術因之而無效。

首先，就一般的距離和威力來說，近距離可使出拳與攻擊的威力獲得完全的

• 手合的距離

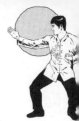

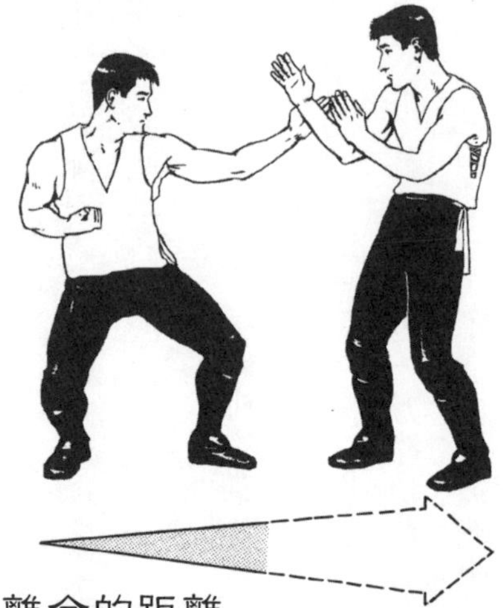

• 離合的距離

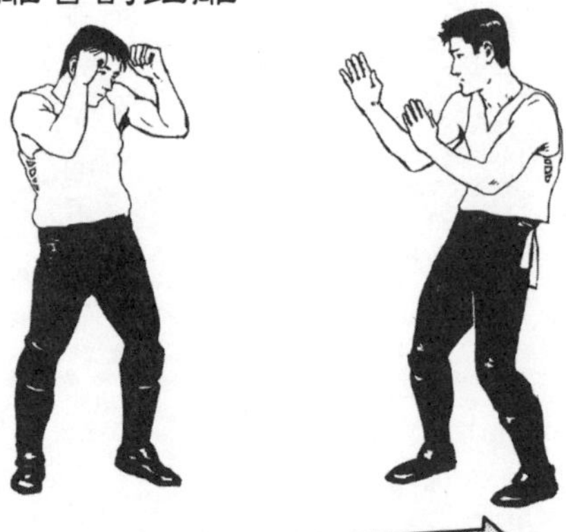

以手合距離可給予對方最大力量的攻擊，
離合則較小。

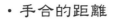

發揮，如果要「一發長打」，那麼對自己是很不利的。

而且太長的距離會給予對方過大的活動空間，其攻擊的變化就會變多，如果採用手合距離，那麼在對方的攻擊還未發之前，便已可作有效的封鎖。並且，除了讓花招變少之外，其可脫逃閃避的距離也變小。

另外，這種距離對於體型小的人較有利。這是理所當然的，這種手合距離對於一個手長腳長的人而言，會有受到束縛之感，當然沒有比一個身材比較矮小的人要活躍自如。

因此，從這個觀點來看，「手合距離」適合體型較小的人，而較不適於身、手皆長的人。

「掌握」是攻防一體的技術

無論是運動或者是打鬥，格鬥技術的基本理念之一，就是「攻擊是最大的防禦」，這是不變的大原則。

特別是在打鬥中，要採取攻擊再攻擊的積極作法。而在一般的間隔距離

中，以踢為武器的人會較以掌為武器的人不利，因為拳、掌的距離和「踢」所需的距離相差很大，這樣的威力會大受折扣。

骨法的「手合距離」便可兼佔優勢。也就是說，在這樣的距離中，戰鬥的本身，就同時是一種防禦，這也就是「手合距離」會使其他的格鬥技術皆無效的原因。

柔道或相撲這樣的距離，如果想要將對方舉起投擲，那就稍嫌太近，而在骨法的距離中，能夠抓住對方的手並可突然地將其摔倒，此外，這種距離也可以有效地封鎖並牽制對方的攻擊。

骨法當中的「掌握」，便可用手合距離好好發揮。現在就針對「掌握」做一番說明。

為了使自己的攻擊能夠命中對方，首先就要將阻撓於對方面前的障礙去除，並破壞其架勢。這就要靠虛實的組合招式來展開攻擊。

但是，若採用過大或過小的距離，都會因攻擊時還要調整距離而不易命中，但若是骨法的姿勢，則自己用的是雙手交差的架勢，由於是交差的，用起掌打較

容易。

此外，「拉、壓、捲」等技術的施展也較容易，除了破壞對方的體姿外，自己的架勢也不會因此而改變，這就完全要靠骨法中「掌握」的這門功夫了。

如果對方先採取攻勢，就不要遲疑地保持手合距離，這個距離能夠在對方的攻擊力達到最大之前，攻擊對方的手足，自己也可安全地保持交差的姿勢。而在交差的時候，如果能使用「掌握」，那麼，針對對方的動作就可完全地封鎖。如果能再配合推踢，就會更有效果。

骨法的防禦，例如上段推的攻擊，就是將手舉起迎之並反擊，若是中段的攻擊，是以拂的動作受之並反擊，也就是說，不可能將防禦單獨地挑出來講，因為在骨法的精神中，攻與防是一體的兩面。

掌握

•以腕部不動的狀態攻擊對方•

所謂「掌握」是在對方攻擊時，以腕部的不動狀態反擊的技術。

在打鬥之中，攻擊對方的胸部要害是需掌握的原則。如插圖所示的，首先壓住對方右腕的肘，然後將防禦用的左手擊對方右臉。之後再以原姿勢回打左臉，最後再抬起肘，以接近關節的部分，壓擊對方的脖子。

這可說是攻防一體的最高技巧。

・掌握①

①

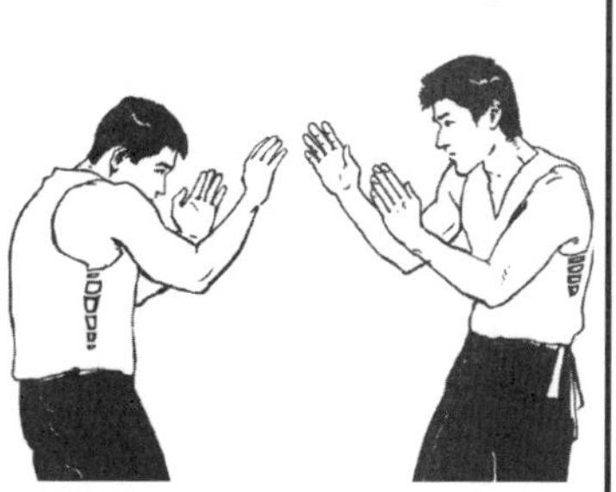

觀察對方的姿勢。

②

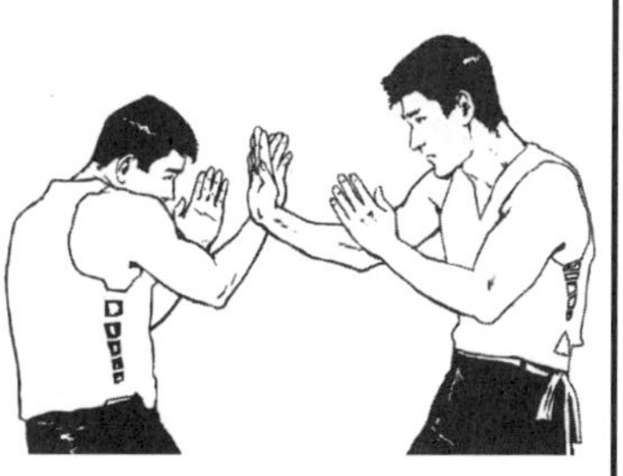

快速進入手合距離。

③

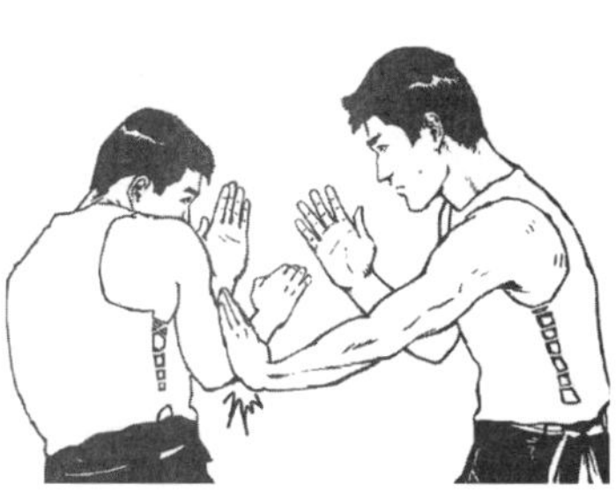

以肘壓住封鎖攻擊。

④

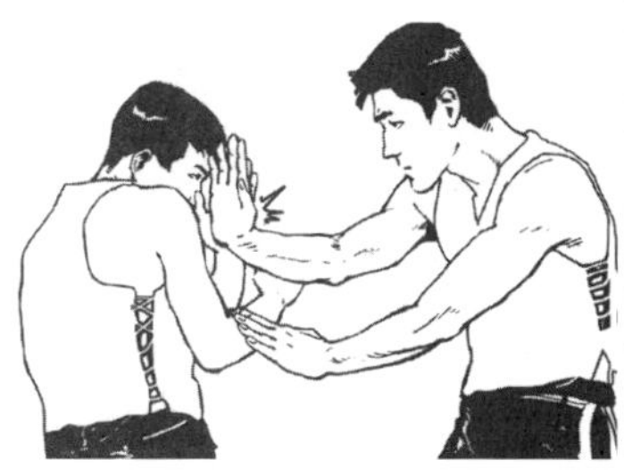

以右手掌打抵住對方的防禦。

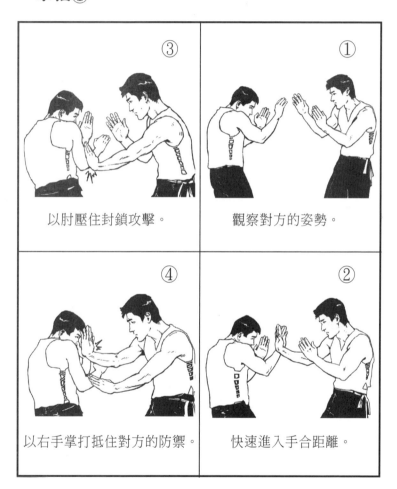

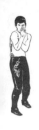

⑤

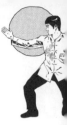

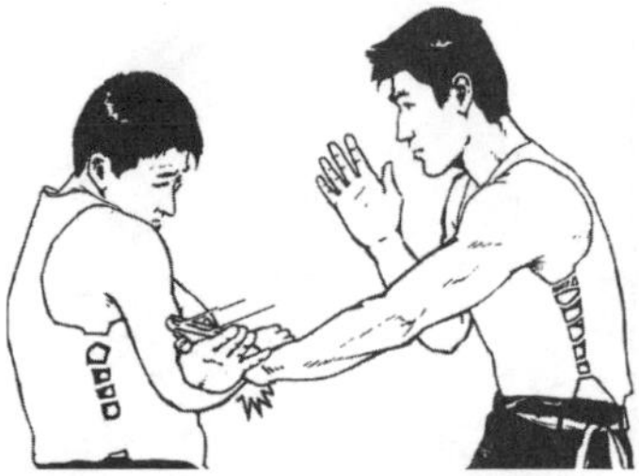

將對方腕重疊似地壓著。

⑥

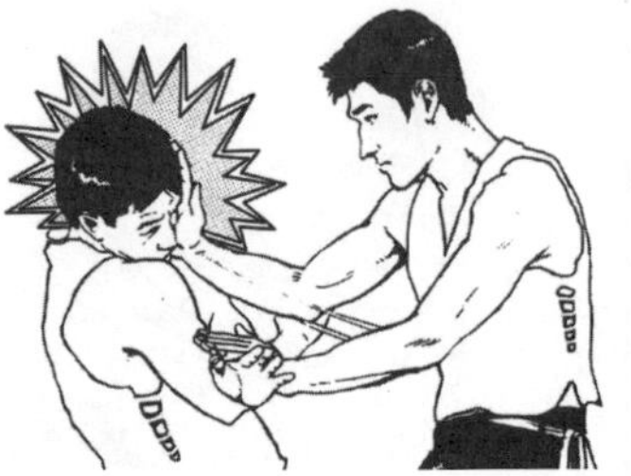

以此狀態而舉右手的橫招式。

⑦

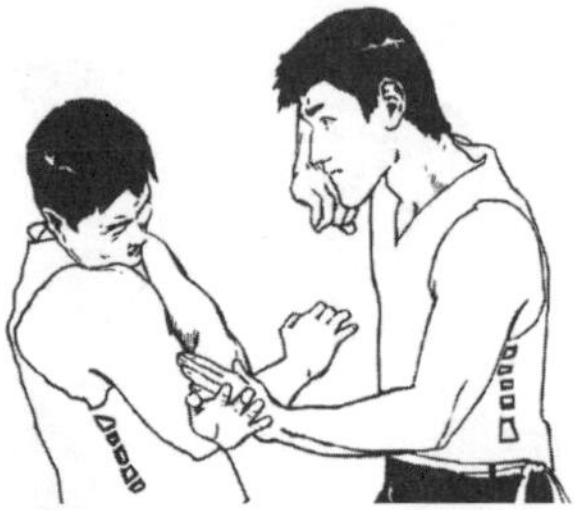

繼續壓住腕並舉起右肘。

⑧

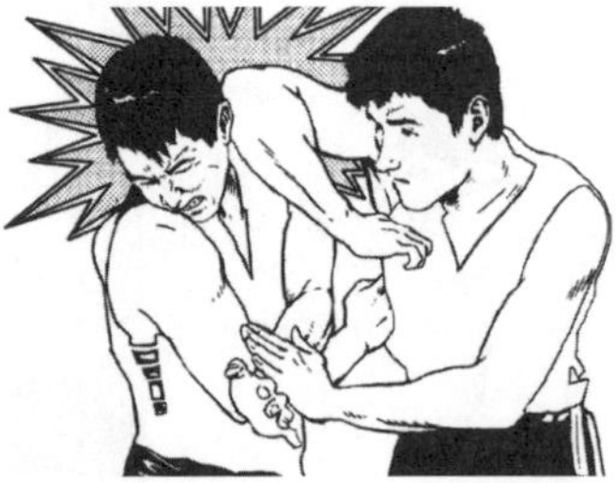

用力地猛擊對方顏、頸部位。

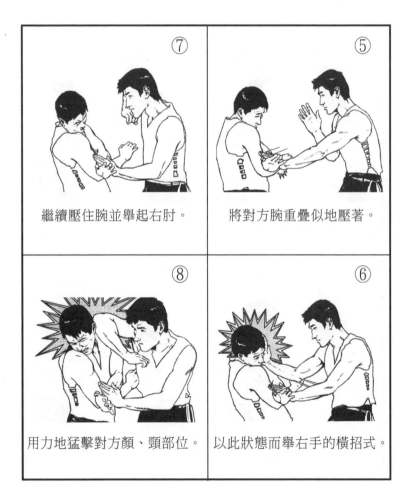

・掌握②

①

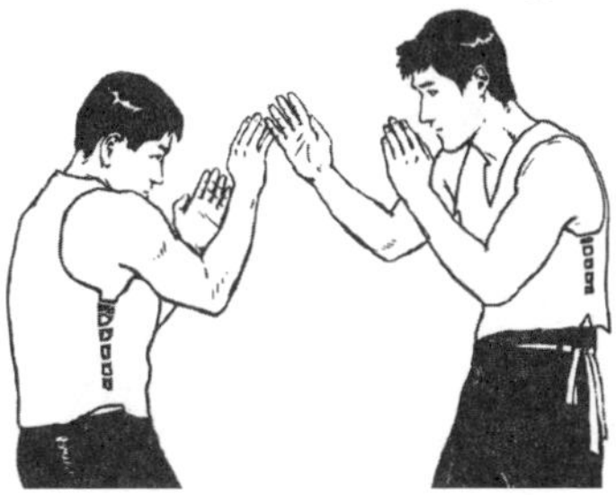

以手合距離相對峙。

②

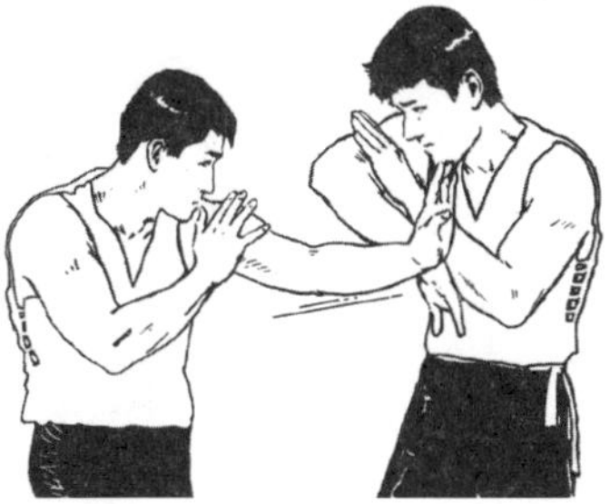

防禦來自對方的中段攻擊。

③

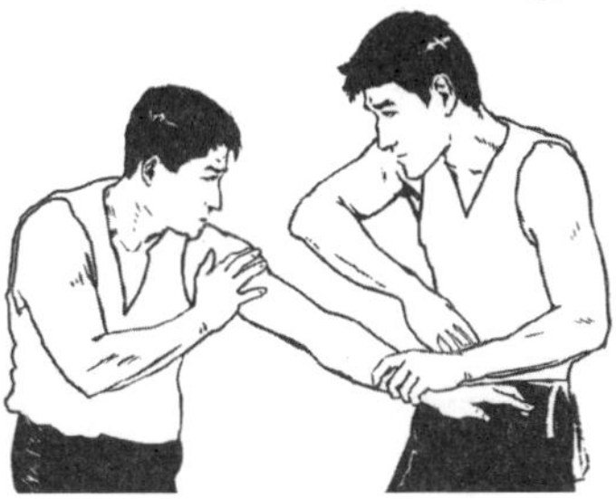

抓住對方手腕使其不動。

④

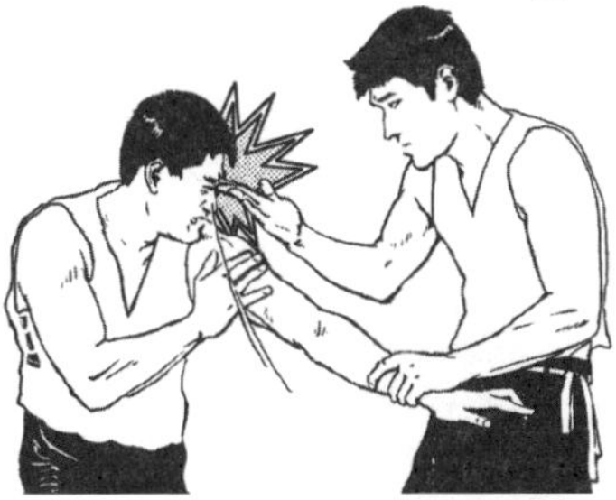

如斬一般使其眼睛看不清。

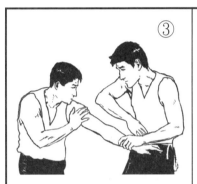

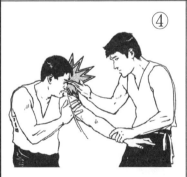

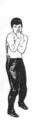

⑤

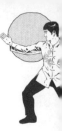

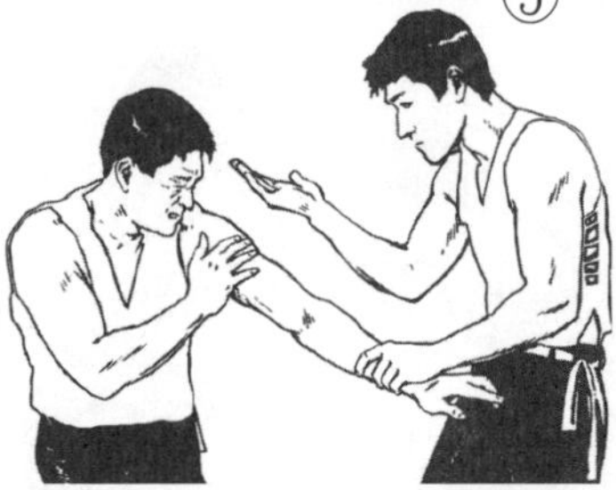

將手撤回做接下來的的攻擊。

⑥

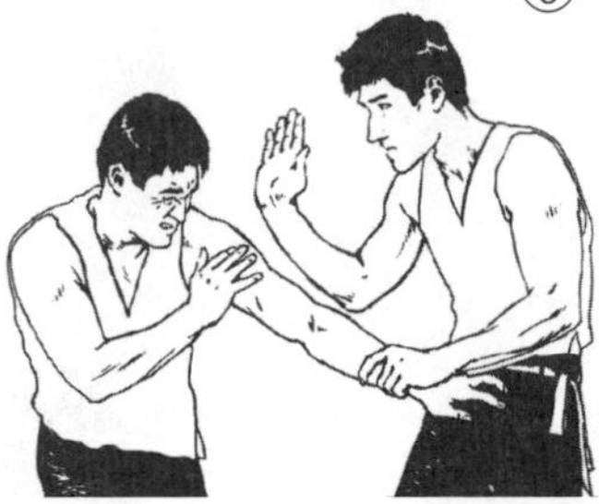

⑦

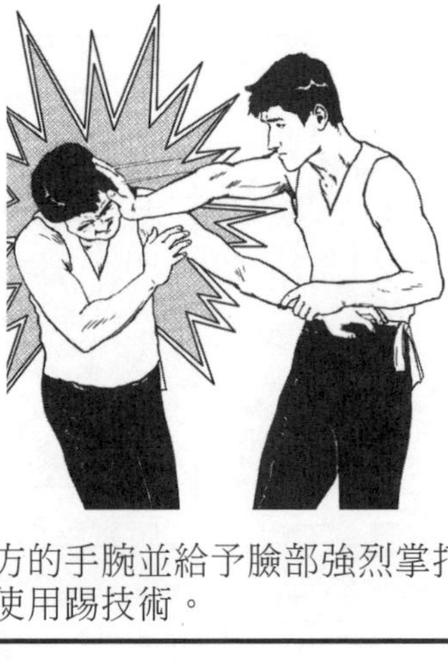

繼續抓住對方的手腕並給予臉部強烈掌打。
此時，也可使用踢技術。

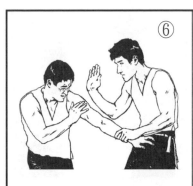

後記——開管理社會之口的運動體

沒規則的打鬥

問：格鬥技之風可說盛行已久，您對這樣的現象有怎樣的認識呢？

答：雖說是格鬥風潮，但真正開始於格鬥技的行動者並無想像中那麼多。只是在旁觀望，或是訂閱專門雜誌來閱讀的人增多而已，真正有耐心堅持到最後的人並不多。

問：骨法也是如此嗎？

答：學習摔角的孩子是增加了，幾乎都是希望能在打鬥中更能強勢應對的少年。而在學校中，學長學姐的推薦，也是其入門的原因之一。

問：和以前的格鬥家比較起來，志氣上有降低嗎？

答：關於這點，或許應該說較短視了一點，這種想法或許有點主觀。這本書的內容是經過多方相助才寫成的，經驗也是日積月累而來的，但許多小孩子，只學到了某種程度，稍微可以應付得起打鬥的狀況，便離開了道場。

現代的孩子有點現實，總是想短時間內收效很多，而很少有人會去思考一些新的自我獲得或創新的問題。

問：現在要問一些骨法本質上的問題。先生可就自己的經驗作答。在格鬥技的各流派中，先生獨創的骨法可說是向世間的宣告。似乎也必須將運動與格鬥技的觀念分開，而在格鬥運動已確立固定地位的拳擊或柔道等，或者是空手道或古武道，好像並非如此。

那麼，骨法究竟是如何面對這樣的問題呢？

答：這要說明一下。以前，村松友視先生所寫的一本書中說到：「如果說到規定，預先設定的話有八百尺長。」因此，在實際的打鬥中，與現在存在的許多運動格鬥技比較起來，會發生的狀況或是其展開的範疇都多了許多。

或許很多人有這樣的觀念，一個柔道有段數的選手，和別人打鬥起來，壓倒性的地獲得勝利。這樣的觀念或許適用於一個完全沒有運動經驗的人身上。

但是，這也並不一定是事實。如果這位有段數的柔道手面對的是另一個長年習於抓拿重物的柔道手，那麼想必情況是反轉過來了。因此，在真正打鬥的情況中什麼時候會發生怎樣的狀況都無法預料，更不用說有怎樣的規定了。而如果只是依固定的規則來磨練，那麼只可說是肉體的發展而已。

格鬥技並非爭奇鬥艷的工具

問：所謂實戰，顧名思義就是要以街市打鬥為前提，是嗎？

答：是的，但格鬥技的技術，並非要爭優劣或是比華麗。舉個例子來說，我在年輕的時候，曾以手刀將石頭割破。但是，即使「傳統的骨法」幾次的磨練，也並不就此去面對街市上的打鬥，雖然可以手刀割石，但未必就能將人翻倒，這是我從年輕到現在一貫的想法，因為有將石頭以手切斷的功夫，卻未必有將人翻倒的本事。這是大家皆知的。

當時，我就是抱持著一擊必殺的信仰，具有武道家堅強毅力，但就是因為這種純真無瑕的專一信仰，才使得在無規則的街市打鬥中，未必能夠獲勝。

問：也就是說，想要求得勝利，就必須合於每一種場地，琢磨技法才可以。

那麼，是否也會伴隨著姑息呢？

答：那也沒有辦法。具體來說，如果只為了不輸掉而什麼都不做，就攻擊對方的顏面或陰部，那也太不夠人道，相反地，自己也要逃避被對方特定的攻擊某一處要害。同樣的道理，如果集中攻擊對方的某處要害，比較有利。

骨法中的踢幾乎都是針對肚臍以下的要害部分展開攻擊，而相反地許多被運動化的格鬥技術則都是以華麗見稱，卻完全忽略其功效。

其實，我也並非要全然否定這樣的做法，只是若當它是運動當然無妨，但當它是格鬥技術而用以護身，那就得諸多思量了。

要如何對付持武器的敵人？

問：骨法是用於街市打鬥的武道，這是先生方才所說的。那麼當面臨持有刃物之類的人時要怎樣處理呢？

答：這需要小心地應付。而當對方持有凶器時，就千萬不要完全的信任自己所信仰的格鬥技術，最好就近拿取可當為武器的工具。即使不易逃脫，也儘量讓自己不要受傷，且不要讓對方有傷到自己的機會。但若到了非戰不可的地步時，則儘量地讓自己身體以自然的方式躲避。

例如，可採用假進攻，或眼睛盯著腹部看，卻攻擊對方腳部等類的方法，是對方受到傷害，且儘量讓自己的要害部分，面向一方的反側。

問：有沒有具體的方法呢？

答：我曾經對持有武器者之應對方法做了一些技術上的招式，其中又以「浴踢」或是「逆回踢」等最為有效。幾乎所有的攻擊者都是朝臉或胸部攻擊的，因此可使自己以另一種低的姿態逃避，並順便攻擊其臍下的下段部分以求自保。

從經驗來看，持有武器的人也是有心理膽怯者。要殺人看似簡單，但如果沒有實際的勇氣及決心，也無法真正砍下。真正殺氣中的人，是想將人一殺斃命，故從其神態與架勢中可觀察出來。真正想要殺人的人，多半會以對方的頸部為目標，這樣的人就要小心一點了。

問：面對持有武器的人是很難纏的，這時用手或用腳較好？

答：最好用腳。因為面對利器用手去接，可能連手都會受傷。故最好能以離心臟較遠的腳去面對較有利。

問：如果遇到對方人數多時該怎麼辦？

答：這並非屬於格鬥技術，而應列為兵法的範疇。

即使對方有十個人，而每一個人都單獨來挑戰，在實際上不可能像電影中演的那麼熟練又巧妙地一一擊退。這時，選擇一個最有利於自己的場所，例如背部為角落，或背負山崖、海岸。這是一個要用腦的時代，如果只是有勇無謀，是無法一人對付一個團體的。

死的意識使精神豐富

問：在打鬥中最重要的事情是什麼？

答：一個人的性格與品行如何是很不容易判別的，但是有一種人是一眼可以看出的，那就是想打架的人。有一句俗語「窮鼠吃貓」。但我們應有的操守是，

就算怎樣地讓別人體無完膚，最後還是要放一條生路給對方，這點就一個學武道的人而言，是最重要的事。

問：是否可由打鬥中看出其人的性格呢？

答：沒有錯。在打鬥中，打鬥者性格也一起加入了戰場。也就是所謂「知、體、心」的總體戰。

經常在市街打鬥中可以聽到：「我是××幫的人」。有時這也是戰術的一種。尤其是對於平常人，這樣的話具有給對方壓力的作用。但如果是面對一個每日打架為生活的人，那麼可能會帶來反效果，因此要視情況而定。

問：最恐怖的是什麼型態敵手？

答：就是那種捨世厭俗的人。只要話不投機或看不順眼，就抱持著「死就是到天國的重生」之類的想法，不顧一切的人，這種信仰過度者要小心。

問：在打鬥中，需要多少的演技能力？

答：在流氓、黑道的社會裡，最重要的是在一瞬之間能夠由邪變正，或由正變邪這樣的演技能力，能夠分得開這些不同意識表現方式的，才能在這個世界進

出。在打鬥的場合中，除了要有格鬥技術之外，演技力更是重要。在電視上看到的一些演技演員，他們可以在一瞬間由慈祥和善的臉孔，轉為流氓混混的臉孔，這是需要相當經驗的。

另一方面而言，也有像戴面具一樣毫無變化的人。其實，在保鏢或護衛人員的世界中亦是如此。

問：先生剛才所說的「演技力」，首先就非得改變對方的性格不可，這是一件困難的工作吧！

答：這要看訓練的多寡了。儘量地以「死」意識來訓練。例如，我在擔任保鏢的那一段時間，就是當作自己隨時可能因打鬥而死亡，每天將身邊事物整理清楚後才出門。

從十幾歲開始，每天都會夢到內臟被挖出而流著血，半夜都會因這種重複的惡夢而驚醒，無形中也養成了預習死亡。每天預習著死亡，不知不覺地對於死亡已無恐懼。總而言之，有死的意識則精神會變得豐富許多。

遇到年長或長輩也不需承讓

問：說句題外話，在許多歐美國家所重視的運動項目中，都有許多完備的規定輸往南美、亞洲或非洲，而像是骨法中踢擊對方陰部的動作，是否和歐美國家的規定相反。

答：其實打鬥這樣的事情原本就是在最不得已的情況下才不得已牽扯上的，我也並非要鼓勵人去打鬥。

說到格鬥技術，我們比較一下古流柔術與現代武術，可說還算是相當野蠻的。而藉著西洋體育思想的取用，柔道已漸趨近代化，因而柔道已脫離了野蠻而漸受歡迎，劍道或其他空手道技術也追隨在後。但這只是運動。

問：企業當中對於大學的體育會已漸有興趣，通常愛好的理由就是可從會中聽到來自上司、前輩的消息，並用以打好對上的人際關係。也就是說，就企業而言「組織的犬」這種忠心的人是顧用的第一要件。您對此點看法如何？

答：在我的弟子中也有不少這樣的人。其實，雖是年長者或長輩，但若覺得不需尊敬，則失禮也無妨。

人在這個社會中，最重要的是有獨立的人格與自尊，以自己的方式思考，以自己真正的能力貢獻企業，這才是本事。

問：您常對弟子說的話是什麼？

答：你們生下來就該比別人勇敢。為什麼呢？在五億的精子中，你母親的卵子進入了某個精子中而孕育了你，如果你比別人弱的話，你當時就會戰敗了。因此，你們的出生是被選出來的優秀人種。

如果不知從別人學習長處就不會進步

問：這個問題有點唐突，許多人在道場中有奉神祭祀，但是在先生的道場中卻只有您自己畫像。不信賴神只崇仰自己，是否有點傲慢呢？（笑）

答：以前，宮本武藏在往與松決鬥的途中，看到了一間小廟，在那裡武藏

「今天我要活著回來」這樣地跟神說，但又想了一會說：「這樣不行，戰鬥是我自己的事。」之後武藏留下了這樣的名句「神佛值得尊敬，但不能依賴」。這也就是我在武道館中掛著自己畫像的原因，因為戰鬥技術熟練與否跟自己的勤奮與否有關，故自己靠自己，才是上策。

問：先生幾乎什麼樣的大會都會參加。不管是摔角、拳擊等各式各樣，那麼您對於這些有何印象上的差別呢？

問：舉例來說，我前些日子去買錄影帶時，店員說：「真是難得啊！」我問：「為什麼？」她回答：「自己開武道館的人還會買其它格鬥技術的錄影帶來看。」事實上，那是要讓弟子多觀摩一下他人的技術，除了專研自己的技術外也可向他人學習。

就像以前的日本軍一樣，總認為自己最強，使得自信過高，不會學習他人長處，而最後發現原來自己並非最強。在戰後六十多年的今天，也仍然有許多人認為自己最好，終日為這些問題所牽絆住了。就我自己而言，只要是自己以外的人，全部都是我的老師。打敗了沒有關係，從敗中求取經驗以期下一次的勝利。

這樣的氣度很重要。

問：日本的格鬥家是有相當的閉鎖性的，在許多人的觀念中，格鬥技術還是被認為不是件好事情。您認為呢？

答：在日本格鬥界中最不好的地方，是創始者的方法論或實論過於絕對化。那位大師創了一個技法，那麼就永遠一步也不能踏出，這形成了武道界的傳統及格鬥界的封閉。而現代社會中的觀念應該是萬物皆要流轉才好，互通有無後捨去不好的而追求實用性，這是大家應努力的。

以往「一擊必殺」的信仰也是大家所相信的。拳擊的許多組合招式之中，則看不出有一擊必殺的思想。互相融合之後，現代的觀念已有所改變。總之，該是往後看，而不是回味過去的時代了。

不思考時間與空間的格鬥者是不行的

問：先生已說明過關於運動、格鬥技與骨法的差別。是否能再就「運動」與

「格鬥技術」的關係再作詳述呢？

運動可說是一個在規定之下的制度社會，而制度社會的相對面便是開放的社會，隱喻著格鬥技術，這樣是否得當？

答：正如你所說的如此。骨法現在正面臨著一些問題。事實上，骨法的創始原本就是基於打鬥的武器應用，在許多規定制約下的運動，其規定的目的，都是在保障最低限度的安全性，但是這種骨法的原則，卻是可無限制地擴充而應用的，因此也希望這種能應付到真正的打鬥場合。在這種情況下會被人誤認為邪道的自衛技術，希望能有被大眾所接受的時候。

問：先生是否曾說過生活樣式的變化與格鬥技術無緣這樣的話呢？理由何在呢？

答：曾經有過「一擊必殺」的信仰，與許多人過去至今未曾改變過想法。又例如歌舞伎的動作，現代人覺得太慢，但或許當時的人並不這樣認為。在外國，特別是東南亞國家（開發中國家）他們不可能像我國人民一樣爭取一分一秒地工作，而在我們看來，他們的速度還是太慢。就算在日本國境內，鄉下的孩子的

動作也比都市孩子的動作要慢，這是所謂的「體內時鐘」的原因。而新幹線在走著，快速飛機在飛著，但格鬥技術進步的腳步卻一直沒能趕得上時代的進步。我就是一個從沒有噴射機的時代跨越到有噴射機時代的人。

因此，要能夠掌握時間與空間才能夠跟得上時代。

暴力和野蠻不應全面被否定

問：本來覺得先生應該是理想主義者，沒想到多交談溝通幾次後發現您竟然是一位超合理主義者，真和想像中差異頗多呢！

答：或許我只是還「童心未泯」吧！（笑）。我所說的話並不只是指格鬥技術世界，還包括著其他層面。現代人的「先見之明」是相當重要的，做什麼事都要比別人周詳而敏感，就如一個企業中，也該為未來十年後的事打算，不應該只短視近利一樣。

問：從先生的經歷來看，發現應該是頗右派的，但實際上覺得您似乎一點都

不右派。

答：我尊重思想的立場，只是我也有我個人的主張。在人事無法控制時，只好聽天由命了。

舉例來說，有人想要「回到萬葉的時代」。但現實的問題是，過去的時代就不會再度回來，而應該將創意轉換為符合現代需求與發展的東西。而且現代社會中，什麼是正義，什麼事善惡，實在並不容易分辨的。然而至少我們相信，在混混之中依然有真實的存在。

馬克斯曾經說過：「鬥爭是新社會的助產士。」而打鬥的暴力與野蠻似乎也不應被全然地否定。

問：如剛才先生所說的「死」的意識，和日本武士道的精神有共同處嗎？

答：以前武士道精神中的「死」曾經喚起許多人的精神並盛極一時，歷史上有許多人也都是以死來解脫。如果那些人現在還活著的話，或許會熱衷於格鬥技吧！因為將格鬥技究其窮，實無什麼重大利益可獲得。

高度管理化的現代社會眼光看來，格鬥技術的世界是一個沒有制約的社會，但事實上並非如此。如前文所說的，對方拿的是一把刀或是一把手槍，其意義是完全不一樣的。而身為二十一世紀的人，我們都必須對於自己有新的斬獲才可以。

問：現代的人類是高度管理化社會中的家畜，先生的骨法正是高度管理化社會中的一個開口，一個有生命力，有所期待的運動體。

答：真是謝謝你。我只不過想在這一生中自由自在地創造一些東西，並過得有意義些而已。

彩色圖解太極武術

太極功夫扇

武當太極劍49式

楊式太極劍56式

楊式太極刀

二十四式太極拳

三十二式太極劍

四十二式太極劍

四十二式太極拳

楊氏二十八式太極拳

楊式太極拳

陳式太極拳

吳式太極拳

精簡陳式太極拳

精簡吳式太極拳

《太極功夫扇》姊妹篇
夕陽美
功夫扇56式

綜合四十八式太極拳

三十二式太極拳

楊氏三十七式太極拳

楊氏五十一式太極劍

歡迎至本公司購買書籍

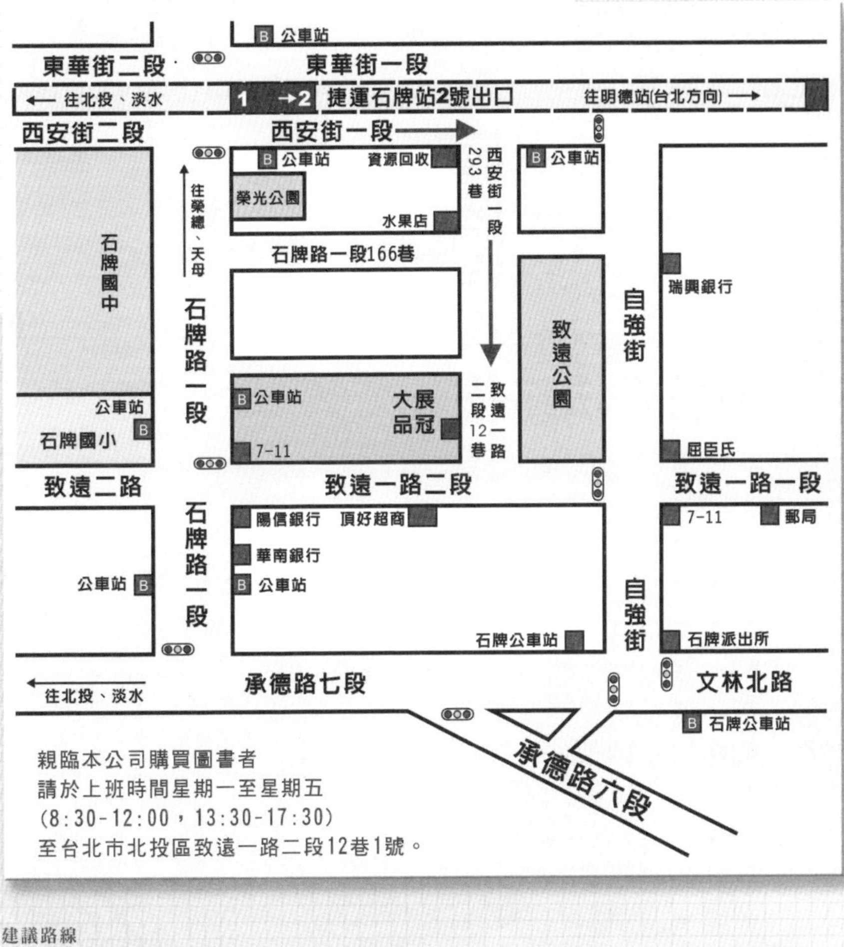

公車站
東華街二段
東華街一段
往北投、淡水
1 →2 捷運石牌站2號出口
往明德站(台北方向)
西安街二段
西安街一段
公車站
資源回收
榮光公園
水果店
西安街一段293巷
公車站
往榮總、天母
石牌國中
石牌路一段166巷
石牌路一段
瑞興銀行
自強街
致遠公園
公車站
大展品冠
致遠一路二段12巷
公車站
石牌國小
7-11
屈臣氏
致遠二路
致遠一路二段
致遠一路一段
石牌路一段
陽信銀行
頂好超商
7-11
郵局
華南銀行
公車站
公車站
自強街
石牌公車站
石牌派出所
承德路七段
文林北路
往北投、淡水
石牌公車站
承德路六段

親臨本公司購買圖書者
請於上班時間星期一至星期五
(8:30-12:00，13:30-17:30)
至台北市北投區致遠一路二段12巷1號。

建議路線

1.搭乘捷運

淡水信義線石牌站下車，由月台上二號出口出站，二號出口出站後靠右邊，沿著捷運高架往台北方向走(往明德站方向)，其街名為西安街，約80公尺後至西安街一段293巷進入(巷口有一公車站牌，站名為自強街口，勿超過紅綠燈)，再步行約200公尺可達本公司，本公司面對致遠公園。

2.自行開車或騎車

由承德路接石牌路，看到陽信銀行右轉，此條即為致遠一路二段，在遇到自強街(紅綠燈)前的巷子左轉，即可看到本公司招牌。

國家圖書館出版品預行編目資料

格鬥骨法秘技／黃光畲　編譯
——初版——臺北市，大展，2019［民108.06］
面；21公分——（格鬥術；5）
ISBN 978-986-346-250-7　（平裝）
1.武術
528.97　　108005317

格鬥骨法秘技

編譯者／黃　光　畲
責任編輯／郭　旻　瑜
發行人／蔡　森　明
出版者／大展出版社有限公司
社　址／台北市北投區（石牌）致遠一路2段12巷1號
電　話／（02）28236031・28236033・28233123
傳　真／（02）28272069
郵政劃撥／01669551
網　址／www.dah-jaan.com.tw
E-mail／service@dah-jaan.com.tw
登記證／局版臺業字第2171號
承印者／傳興印刷有限公司
裝　訂／佳昇興業有限公司
排版者／千兵企業有限公司
初版1刷／2019年（民108）6月
初版2刷／2022年（民111）11月　　定　價／250元

大展好書　好書大展
品嘗好書　冠群可期

大展好書　好書大展
品嘗好書　冠群可期